행복한 비움

도 경 道經

김선국 지음
나정석 편집

다락방

머리말

노자의 책은 함축적이어서 동양의 고전 중에서 〈논어〉나 〈맹자〉 그리고 〈중용〉 같은 책들보다 어렵게 생각한다.

노자의 사상을 둘러싼 많은 논쟁들은 사람마다 자신의 관점이나 생각으로 도덕경을 보기 때문이다. 노자의 책은 도를 이야기하는 것으로 생각할 수도 있고, 정치에 대한 지침서로 받아들일 수도 있다. 그리고 노자는 무위자연을 이야기하여 세상에 전혀 도움이 안되는 도피주의자로 여겨질 수도 있다.

이 책은 내가 삶의 의미와 목적을 어느 정도 이해한 이후에 다시 읽으면서 노자의 진의를 바라보고자 한 공부의 작은 투영이다.

내가 노자와 직접 소통할 수 있으면 좋으련만 그럴 수 없기에 나의 세계의 일부를 투영하여 노자의 생각을 해석해 보았다.

한자를 풀이하다 보면 책의 본래 의도에서 벗어나게 될까 봐 꼭 필요한 부분에서는 독자들이 편안히 읽을 수 있도록 한자도 될 수 있으면 쉽게 풀이하였다.

한자는 본래 어렵지 않지만 문자에 집착하다 보면 큰 뜻을 잃어버리는 경우를 종종 보았다. 이 책에서는 상세한 문장 해석에는 집중하지 않았고 독자들의 눈높이에 맞추려고 하였다.

　내가 보는 노자의 가르침은 비움과 놓아버림이다.

　사람들은 자신의 의지로 이를 악물고서 세상에 임하는 것을 대단한 것으로 여긴다. 세상과 싸우고 세상과 투쟁해서 원하는 것을 얻고 성공하는 것을 대부분의 사람들은 최고의 미덕으로 여긴다.

　그러나 노자는 그 반대로 얘기한다. 있는 그대로 놓아버리라고 한다. 이런 수준에 도달한 사람들은 인간이 할 수 있는 마지막 노력까지 해보고, 마지막 수준에 도달한 것이라고 나는 생각한다.

　더 이상 노력하고 욕망할 그 무엇도 남아있지 않는 수준을 이야기하기에 대부분의 사람들은 이해가 되지 않을지도 모른다.

　마음 속에 있는 온갖 노력을 다한 후, 놓아버림의 경지에 이른 노자의 가르침에서 이 책을 읽는 독자들 모두가 자신들 삶의 여정을 조금이라도 더 밝히 알았으면 하는 것이 나의 바램이다.

목차

행복한 비움

서론

　도덕경은 총 81장으로 이루어져 있다. 81이라는 숫자는 우연한 숫자가 아니다. 그 숫자는 천부경의 글자 수 81자와 같다.

　노자의 도덕경은 갑자기 하늘에서 떨어진 것이 아니라 그 당시 동북아시아의 정신과 문화를 반영하고 있다. 천부경을 보자.

一始無始一 일시무시일

하나의 시작과 시작 없음은 같으니

析三極 無盡本 석삼극 무진본

삼극(천, 지, 인)을 분석해 보면 그 근본은 끝이 없고

天一一 地一一 人一一 천일일 지일일 인일일

천의 하나도 하나이고 지의 하나도 하나이며 사람의 하나도 하나이네

一積十鉅 無匱化三 일적십거 무궤화삼

하나가 쌓여서 십이 되고 다함이 없이 3이 되었으니

天二三 地二三 人二三 천이삼 지이삼 인이삼

천의 2는 3이 되고 지의 2도 3이 되고 인의 2도 3이 되어

大三合六 生七八九 대삼합육 생칠팔구

대삼(천삼과 지삼)이 합하여 육이 되고 7, 8, 9를 낳았네.

運三四 成環五七 운삼사 성환오칠

3과 4가 운행하여 고리를 만들어 5와 7이 되니

一妙衍 萬往萬來 用變不動本 일묘연 만왕만래 용변부동본

하나는 오묘하여서 만물이 오고가니 그 쓰임은 변하나 근본은 변치않네

本心 本太陽 昂明 본심 본태양 앙명

본래의 마음은 본래 태양같이 밝고 밝아서

人中天地一 인중천지일

사람의 중심은 천지와 하나이니

一終無終一 일종무종일

그 하나가 끝은 다함이 없는 것과 같아라.

위와 같이 해석해 보았지만 사실 이 천부경에 대한 해석은 정답이 없고 각자의 수준에 맞는 해석만이 있을 것이다. 이 암호 같은 81자의 글자를 노자는 일생의 화두로 삼고서 공부하였고 나름대로 해독하였을 것이다. 그리고 자신의 정신세계를 81편의 〈도덕경〉에 풀어놓았다.

암호 같은 이 천부경의 핵심은 사람과 천지는 하나이고, 우리의 본래 마음은 태양과 같이 밝고도 밝으며 우리 영혼과 천지는 시작도 끝도 없이 영원하다는 것이다.

여기서 하나라는 단어는 여러 가지 의미로 쓰였다.

먼저 숫자 1이라는 의미이다. 다음으로 같다는 의미이다. 마지막은 '진리'나 '도'라는 뜻이다. 이 여러 가지 뜻들은 모두가 일맥상통한다. 이 모든 존재의 세상은 통털어서 단 하나의 진리를 가지고 있고 그것은 모두 하나임Oneness이며 또한 단 한개라고 볼 수 있기 때문이다.

모든 존재 일체는 있음과 없음의 그것조차도 넘어서서 모두가 동일한 근원에서 왔다가 다시 그곳으로 돌아갈 것이다. 그 근원으로 돌아가는 작업은 각자의 의지와 지향에 달려 있다.

흔히들 〈도덕경〉의 1장에서 37장까지를 도경, 38장에서 81장까지를 덕경으로 분류하는데, 이는 사람들의 편의에 의해서 분류한 것일 뿐이다. 〈도덕경〉은 도와 덕이 아니라 처음부터 끝까지 도에 대해서 이야기한 것이다. 이 책에서는 1장에서 37장까지의 도경 부분을 다루었다.

도는 우리 존재와 삶의 본질에 대한 이야기이다. 도道가 세상에 적용되면 덕德이 되고 인仁이 되고 의義가 되며 마지막에는 예禮가 된다.

그러나 노자는 처음부터 끝까지 도의 관점에서 이야기한다. 노자는 세상을 바꾸거나 교육하려 하지 않았다. 인간의 본성은 쉽게 교화될 수 없기 때문이라는 것을 알았기 때문이다.

노자는 도를 이룬 한 존재로서 도를 가진 사람이 이 세상을 살아가는 법을 말하고 있다.

노자는 주나라가 멸망한 후에 상나라에서 살았으며 주나라에서 도서관을 맡아보던 관리라고 알려져 당시의 중요한 책들을 전부 읽었을 것으로 추측되며, 따라서 노자의 〈도덕경〉은 그 당시 동북아시아 정신문화의 정수라고 할 수 있다.

중국인들은 상당히 현실적이다. 반면에 우리 민족은 이상세계 혹은 궁극의 세계에 대한 것을 더 많이 연구한 민족이고 그 뿌리가 아직도 면면히 여러 경로를 통해서 내려오고 있는 것도 사실이다.

우리 민족의 역사는 고대사부터 상당히 왜곡되어 있다. 일본제국주의에 의한 것도 있지만, 중국이 왜곡해 놓은 것이 많다. 이 책에서는 그 부분을 논하지 않았지만 단군의 후손인 우리 민족의 정신세계가 투영된 것이 노자의 책이다.

다시 말하지만 노자의 〈도덕경〉은 세상을 다스리는 지침으로 삼으라고 쓴 책이 아니다. 그리고 세상 사람들이 흔히 생각하는 수련을 통해서 신선이 되고, 방중술을 익히고, 연단하는 그런 가르침하고도 전혀 관계가 없다.

노자는 우리와 다른 차원을 본 존재로서, 그가 본 절대세계를 이 책을 통해서 논하며 인간이 도에 가까운 삶을 살려면 어떻게 해야 하는지 자신의 이야기를 하고 있는 것이다.

노자의 이야기는 끝없는 비움과 내려놓음이라는 주제로 천착되어 인간이란 존재가 무한한 진리의 세계에서 얼마나 낮아져야 하는지를 보여주고 있다. 그렇게 할 때에 우리들은 두려움이나 근심 걱정 없이 완전한 자유와 평화 가운데서 이 세상을 살아갈 수 있다는 것을 그는 보여주고 있다.

이제 노자의 도경 여행을 시작해 보자.

제1부
진리

진리는 무엇인가? 진리가 있기는 한 것일까?

궁극적 진리는 지금 여기에 펼쳐져 있는데, 볼 수 있는 사람은 없는 듯 하다.

진리는 언제나 그 자리에서 그대로 인데, 그것을 어찌하면 볼 수 있을까?

아니면 그런 객관적 진리가 있다면, 누가 우리에게 보여줄 수도 있을 텐데, 수많은 종교와 철학이 이야기하는 진리라는 것들도 결국에는 아주 일부만을 보여주고 있을 뿐이다.

진정 나를 자유케 하는 그 무엇이 있다면 얼마나 좋으랴!

이 책에서는 노자가 본 진리, 즉 도에 대해서 이야기한다.

노자가 살았던 춘추전국시대, 그 혼돈과 절망의 시대에 노자가 남긴 진리에 관한 이야기를 지금 이렇게 듣는 것은 또 다른 기쁨이다.

진리는 글로써 전할 수 없다. 그러나 글을 통해서 그 안의 에너지를 느끼는 것은 어느 정도 가능하다.

이 책을 읽는 독자들이 글자 하나, 문장 하나하나에 들어있는 뜻을 파악하고 깊이 있는 생각을 한다면 노자의 진의가 들어올 것이다.

눈에 보이지는 않지만 온 우주는 모든 생각을 기록한다. 이제까지 있어온 모든 것들이 무한한 의식의 바다에 가득하며, 그것을 얻는 것은 깨끗한 마음과 무욕의 마음을 통해서만 가능하다.

아무쪼록 모두가 우리를 자유롭게 하는 진리의 세계를 노자의 글을 통해서, 또 지은이의 글을 통해서 조금이라도 알았으면 좋겠다.

01 진리 道

이 장은 노자가 보는 도의 이야기이다.
도란 과연 무엇인가?
노자가 체험한 도의 실체를 아주 집약적으로 말함으로써 도덕경이 시작된다.

道可道 非常道 도 가 도 비 상 도	도는 도라고 해도 좋지만 늘 도라고 할 것만은 아니다.
名可名 非常名 명 가 명 비 상 명	이름은 그 이름으로 불러도 좋지만 꼭 그 이름으로 부를 것만은 아니다.

도는 도라고 불러도 좋지만 로고스라 해도 좋고 법이라 해도 좋으며 진리라 해도 좋다. 궁극의 원리라 해도 좋고 무한한 실상이라고 불러도 좋다. 그 무엇이라 부르든 그것은 바로 그것이다.

다만 그 대상을 부를 때는 각각의 역할이나 관계가 있지만 그것이 나의 본질은 아니다. 나는 나인 것이다.

도를 도라고 부르지만 그 무엇이라 부르면 어떠랴!

온 세상이 도에 의해서 움직이지만 제대로 아는 사람은 없다. 노자가 나서서 도를 설파하지만 누가 그 도를 제대로 알겠는가.

여기서 진정으로 하고 싶었던 이야기는 무엇일까?

 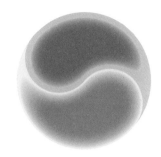

　도가도 비상도의 가장 첫 글자의 도는 '그대들이 믿는 도'라고 해석하면 좋을 듯 하다. 그대들이 믿는 그 진리라는 것이 진리일지는 모르겠지만 그것이 상도常道, 즉 진정한 도는 아니라고 노자는 이야기하고 있다.

　실제로 우리들이 알고 있는 그 어떤 것도 그저 지식의 쪼가리이고 '나'라는 개체가 어느 때, 어떤 환경에서 누군가에 의해서 혹은 무엇으로부터 얻은 것일 뿐이다.

　그것이 설사 종교의 가르침이라고 해도 그것을 받아들이는 사람에 따라 얼마나 많이 왜곡되는지를 수많은 사이비 종교와 헛된 지식의 범람을 보면 알 수 있다.

　여기서 노자는 그런 왜곡된 진리가 아닌 진정한 진리를 말하고 싶지만 전하기가 쉽지 않다. 그저 이 짧은 문장 속에 숨겨진 진정한 의도를 알아차리기를 바랄 뿐이다.

無名天地之始
무 명 천 지 지 시

(도는) 이름도 없던 천지의 비롯됨이고

有名萬物之母
유 명 만 물 지 모

이름이 있는 만물의 어미라.

이육사의 시 '광야' 앞부분을 보자.

　　까마득한 날에

　　하늘이 처음 열리고

　　어디 닭 우는 소리 들렸으랴

　　모든 산맥들이

　　바다를 연모해 휘달릴 때도

　　차마 여기를 범하던 못하였으리라

　　끊임없는 광음을

　　부지런한 계절이 피어선 지고

　　큰 강물이 비로소 길을 열었다

이 땅이 생기기 전, 천지가 생기기 전에도 도道는 있었고 천지의 시작은 바로 도道로부터 비롯되었다. 무명천지無名天地는 이름 없는 하늘을 말하는 것이며 유명만물有名萬物은 이름 있는 모든 삼라만상을 말하는 것으로 이것도 또한 도道라는 어미母, 즉 근원으로부터 생겨났다.

천지의 시작 전에는 무엇이 있었을까. 그것은 비현현Unmanifest이라고 부른다. 이 비현현非現顯의 때에는 아무 것도 나타나지 않았다. 있지만 없는 것, 있어도 있다 할 수 없는 상태의 그 무극無極의 때는 도道라는 원리조차 적용되지 않는 공空의 상태인 것이다.

그 공Void에서 어떤 의지가 있어서 세상이 생겨났고 만물의 근원이 되었다. 그 근원에서 법칙이 생기고 기운도 유행하고 모든 것이 생동하면서 생명이 태어나고 온 우주가 운행되기 시작했다.

그 근원을 다른 장에서는 사모食母, 즉 먹이는 어머니라고 불렀다. 만물을 먹이고 기르고 자라게 하는 만물의 어머니, 이 도道가 우리를 먹이는 근원인 것이다.

故常無欲以觀其妙 고 상 무 욕 이 관 기 묘	그래서 늘 하고자 함이 없으면 그 묘를 볼 것이며
常有欲以觀其徼 상 유 욕 이 관 기 요	하고자 함이 있으면 그 요를 보겠지만
此兩者同 出而異名 차 양 자 동 출 이 이 명	묘나 요는 같은 것이니 나와서 이름만 다르다
同謂之玄 玄之又玄 동 위 지 현 현 지 우 현	둘다 심오하니 심오하고 또 심오하여서
衆妙之門 중 묘 지 문	도道는 모든 심오함이 나오는 문이라.

여기서 묘妙와 요徼의 뜻을 생각해보자. 묘妙는 미묘하고 오묘함을 뜻하는 단어임이 명확하다. 묘는 어떤 뜻일까? 무욕과 유욕으로 댓구를 이루었으니 반대되는 뜻으로 쓰였을 것이다. 그런데 뒤의 문장에서는 이 두 가지가 같은 것이고 이름만 다르다고 말한다.

따라서 요는 묘와 반대되면서도 같은 의미를 지닌 것이다. 묘가 미묘하다는 의미라면 요는 심원하다는 의미일 것이다. 미묘하고도 심원深遠한 것이 도라고 노자는 말하고 있는 것이다.

또 현玄이라는 글자는 흔히들 검다는 의미도 있지만 심오深奧하다는 의미도 있다. 여기서는 심오하다는 의미에 가까울 것이다.

도는 무엇이라 이름하든 온갖 심오함의 문이기에 무릇 도를 보고자 하는 자는 그 심오함을 보아야 하지만 그것을 설명할 길이 없다.

노자도 설명할 길이 없는 것을 묘니 요니 하면서 설명하지만 그 실상을 보여줄 수 없으니 그 이름 밖에 말할 것이 없다.

아무도 그 도를 말로서는 설명할 수 없지만 그래도 깨달은 현인들이 있어서 그 세계를 이렇게 설명하고 있다.

행복한 비움

道可道 非常道	도가도 비상도
名可名 非常名	명가명 비상명
無名天地之始	무명천지지시
有名萬物之母	유명만물지모
故常無欲以觀其妙	고상무욕이관기묘
常有欲以觀其徼	상유욕이관기요
此兩者同 出而異名	차양자동 출이이명
同謂之玄 玄之又玄	동위지현 현지우현
衆妙之門	중묘지문

도는 도라고 해도 좋지만 늘 도라고 할 것만은 아니다.

이름은 그 이름으로 불러도 좋지만 꼭 그 이름으로 부를 것만은 아니다.

(도는) 이름도 없던 천지의 비롯됨이고 이름이 있는 만물의 어미母라.

그래서 늘 하고자 함이 없으면 그 묘妙를 볼 것이며

하고자 함이 있으면 그 요徼를 보겠지만

묘妙나 요徼는 같은 것이니 나와서 이름만 다르다

둘다 심오하니 심오하고 또 심오하여서

도道는 모든 심오함이 나오는 문이라.

道 길 도 可 옳을 가 非 아닐 비 名 이름 명 常 항상 상 故 연고 고 欲 하고자 할 욕
以 써 이 觀 볼 관 其 그 기 妙 묘할 묘 徼 돌 요 此 이 차 兩 두 양 者 놈 자
同 같을 동 出 나갈 출 異 다를 이 謂 이를 위 玄 검을 현 衆 무리 중 門 문 문
無 없을 무 天 하늘 천 地 땅 지 之 어조사 지 여기서는 소유격 ～의 의미. 有 있을 유
萬 만 만 物 물건 물 母 어미 모

꾸미지 마라 無爲

02

2장과 3장은 도덕경 전체의 주제 장으로 노자의 사상이 집약되어 있다.

天下皆美之爲美 斯惡已
천 하 개 미 지 위 미 사 악 이

천하가 모두 아름답다 여기는 것은 꾸며진 아름다움이니 이것은 악하다.

天下皆善之爲善 斯不善已
천 하 개 선 지 위 선 사 불 선 이

천하가 모두 선하다 여기는 것은 꾸며진 선함이니 이것은 선하지 않다.

노자는 꾸며진 아름다움, 꾸며진 선함인 위미爲美와 위선爲善에 대해서 설명한다. 요즘은 성형술이 발달해서 얼굴을 아름답게 꾸민다. 사람들은 꾸며진 아름다움을 예쁘다고 생각하지만 거기에는 진정한 아름다움이 없다. 오히려 인공적인 아름다움에는 진정한 아름다움이 아니라 인간의 작위에 의한 악함이 있을 뿐이다.

예수도 남에게 내세우는 선은 위선이라고 하였다. 오른손이 하는 일을 왼손이 모르게 하라는 말은 인간이 선함이라 부르는 것 속에는 스스로를

드러내고자 하는
자부심이 섞여 있
기에 이를 경계한
것이다.

모두가 겉으로
드러내기를 좋아
하는 시대이지만 진정한 아름다움은 드러남이 중요치 않다.

모든 존재는 그 자체로서 완벽하다. 소박한 아름다움, 있는 그대로의
선량함, 그것이 우리의 본래 모습이다. 꾸며지고 조작되고 위조한 것들
은 진정한 것이 아니다.

우리 각자는 존재 그 자체로서 나의 의미를 찾아야 하지만 좋다 나쁘다
를 가리게 되는 것이 우리가 사는 바로 여기, 이 이원성二元性의 세계이다.

故有無相生 고 유 무 상 생	때문에 있음과 없음은 서로가 있어서 생기고
難易相成 난 이 상 성	어려움과 쉬움은 상대적인 것이라
長短相較 장 단 상 교	비교하기 때문에 길고 짧음이 있고
高下相傾 고 하 상 경	높음과 낮음은 경사 때문에 있음이라
音聲相和 음 성 상 화	소리는 서로 어울려야 하고
前後相隨 전 후 상 수	앞이 있어야 뒤가 있다

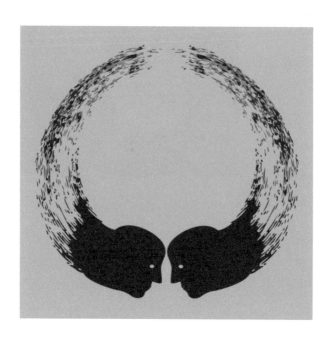

우리는 이원성二元性의 세계에 살고 있다. 물질과 시간의 세계에서는 늘 거리를 재고 앞뒤를 나눈다. 높고 낮음과 길고 짧음의 세계가 바로 여기다. 절대의 세계가 아니라 작위의 세상이다.

높은 지위를 가진 사람들이나 부자들만 귀하게 여겨지는 사회이다. 우리는 겉으로 보여지는 것이 중요하게 여겨지는 사회에 살고 있다.

그리고 우리는 늘 좋음과 싫음을 구분한다. 이것은 나에게 좋고 저것은 나에게 나쁘다. 저 사람은 나에게 이롭고 저 사람은 나에게 해롭다.

물론 이런 것들은 사회를 살아가는 지혜와 관계된다. 그래서 일반인들은 그저 옳고 그름, 선과 악, 좋고 나쁨을 가지고 세상을 판단한다.

문제는 그런 분별들이 제대로 된 분별이 아니라는 것이다. 그래서 모든 판단을 비우는 것이 진정한 도道이다. 제대로 된 판단을 하는 것은 내 마음을 비우고 있는 그대로의 세상을 볼 수 있을 때 가능하다.

위미爲美와 위선爲善이 아닌 '있는 그대로'의 무위無爲의 세계를 볼 수 있을 때 우리는 높음과 낮음, 길고 짧음 등의 이원성의 세계 너머를 볼 수 있으며 노자는 그런 세계를 넘어서라고 얘기하고 있다. 그렇게 할 때 있는 그대로의 이 세계는 저절로 펼쳐진다.

　노자와 공자의 사상의 차이가 바로 여기에 있다.

　공자는 인의仁義를 강조했다. 그는 자애로움과 옳음이 필요하다 생각하고 사람들을 교육하여 세상을 바꾸고 좀 더 좋은 세상을 만들려고 했다. 그리고 그런 생각을 가진 사람들이 세상을 개혁하겠다고 했으나 갈등과 혼란을 일으킨 경우가 대부분이다.

　노자는 그저 '있는 그대로' 두고 개입하지 말라고 얘기한다. 물론 세상을 있는 그대로 내버려 두라는 이 말은 직무의 포기처럼 느껴지기에 받아들이고 이해하기가 쉽지 않다.

　이 말의 진정한 의미는 이 세상을 그대로 두는 것이 아니라 이 세상의 실상을 제대로 볼 수 없기에 도道를 배우는 사람들은 함부로 나서지 말라는 얘기다.

　세상은 흘러간다. 역사를 인간들이 만드는 것처럼 보이지만 보이지 않는 '그 무엇'이 있어서 이 세상은 흘러가는 것이다. 그러기에 노자는 그저 내버려 두라고 말하는 것이다. 이원성二元性이 아닌 일원성一元性의 세계에서는 모든 것이 저절로 펼쳐진다. 그 펼쳐짐 가운데서 스스로의 존재를 정확히 알아차리는 것이 가장 중요함을 강조한 것이다.

　위미하지 말고 위선하지 말고 있는 그대로의 무위를 이야기하지만 자연 속에서 물러서서 세상을 잊고 소극적으로 살라는 말은 아닐 것이다.

세상에 속하면서 세상을 바꾸기보다 나 자신을 바꾸어 나가는 것, 이것이 노자가 말하는 진정한 무위無爲의 삶이리라.

是以聖人 시 이 성 인	때문에 성인은
處無爲之事 처 무 위 지 사	무위의 일로 처리하고
行不言之敎 행 불 언 지 교	말하지 않는 가르침을 행하며
萬物作焉而不辭 만 물 작 언 이 불 사	만물을 일으키되 말하지 않으며
生而不有 생 이 불 유	만물을 기르되 소유하지 않는다.

성인의 마음은 천지자연과 하나이다. 때문에 애쓰지 않아도 자연의 법칙에 따라 흘러가도록 내버려 둔다. 그저 내팽개치는 것이 아니라 세상에 편재해 있는 '그것'이 이끌고 가도록 무위로서 일을 처리한다.

사람들은 온갖 것들을 생각하고 시나리오를 짜고 경우의 수를 따지고 시뮬레이션을 한다. 그러나 그것은 범인들의 생각이다.

성인은 일이 어떻게 처리될지 다 안다. 자신이 처리하겠다는 생각보다는 놓아두고 지켜본다. 그래서 주변의 만물이 잘 이루어지도록 하되 말로 내세우지 않는다. 성인은 만물을 기르는 원천이다. 이 세상이 이렇게라도 유지되는 것은 소수의 성인들이 세상에 뿜어내는 평화의 에너지 덕분일 것이다.

그들의 존재 자체가 세상을 기르는 힘이다. 세상에 왔던 성인들이 있

엱기에 인류는 멸망치 않고 지금까지 존재하는지도 모른다.

혼탁한 세상에 맑은 에너지를 주는 성인의 마음이 이 세상을 유지하는
원천이라고 나는 생각한다.

爲而不恃
위 이 불 시

행하되 자부심을 갖지 않으며

功成而不居
공 성 이 불 거

공이 이루어져도 쌓아두지 않는다.

夫唯弗居
부 유 불 거

모름지기 그저 쌓아두지 않기에

是以不去
시 이 불 거

그래서 사라지지 않는다.

시恃는 의지하다와 자부심을 갖다는 뜻이 있다. 여기서는 행하면서 자부심 갖는 것을 성인은 하지 않는다는 것을 말한다.

범인은 자기가 무엇을 하면 늘 대단한 것을 한 것처럼 생각한다. 그러나 성인은 무위의 일로 처리하기에 일이 저절로 펼쳐지도록 내버려 둔다. 따라서 자부심恃이 있을 수 없다. 그리고 그 공적이나 업적이 이루어져도 쌓아두지居 않는다. 아니 쌓아둔다는 생각조차 없다.

모든 것은 인연 따라 흘러간다. 그저 모든 것은 신성神性의 뜻에 의해서 혹은 법칙에 의해서 흘러간다.

우리가 사는 지구에 사는 모든 존재들은 불만을 가지고 있다. 세상이 완전하지 못하다는 불만이다. 그러나 노자가 보는 이 세상은 완벽하다. 모든 것이 무위의 도에 의해서 저절로 펼쳐지는 것이다.

그러기에 삶에 아무런 불안이 없다. 자유로움 가운데 세상에 머물고 생존의 두려움이나 죽음에 대한 일말의 불안감도 없다. 그저 이 순간에 머물면서 세상을 자유롭게 거니는 존재인 것이다.

나는 우주가 있기 전에도 있었고 우주가 사라진 후에도 있을 것이지만 그 '나'라는 것을 주장하지 않아도 그저 존재로서 영원할 것이다. 그리고 노자는 시간과 공간의 이원성의 세계를 초월하고 선과 악의 세계조차도 초월한 무한의 존재로서 이 땅에 잠시 왔다 간 것이다.

天下皆美之爲美 斯惡已　　천하개미지위미 사악이

天下皆善之爲善 斯不善已　천하개선지위선 사불선이

故有無相生 難易相成　　　고유무상생 난이상성

長短相較 高下相傾　　　　장단상교 고하상경

音聲相和 前後相隨　　　　음성상화 전후상수

是以聖人 處無爲之事　　　시이성인 처무위지사

行不言之教 萬物作焉而不辭　행불언지교 만물작언이불사

生而不有 爲而不恃 功成而不居　생이불유 위이불시 공성이불거

夫唯弗居 是以不去　　　　부유불거 시이불거

천하가 모두 아름답다 여기는 것은 꾸며진 아름다움이니 이것은 악하다.

천하가 모두 선하다 여기는 것은 꾸며진 선함이니 이것은 선하지 않다.

때문에 있음과 없음은 서로가 있어서 생기고 어려움과 쉬움은 상대적인 것이라

비교하기 때문에 길고 짧음이 있고 높음과 낮음은 경사 때문에 있음이라

소리는 서로 어울려야 하고 앞이 있어야 뒤가 있다.

때문에 성인은 무위의 일로 처리하고 말하지 않는 가르침을 행하며

만물을 일으키되 말하지 않으며 만물을 기르되 소유하지 않는다.

행하되 자부심을 갖지 않으며 공이 이루어져도 쌓아두지 않는다.

모름지기 그저 쌓아두지 않기에 그래서 사라지지 않는다.

皆 모두 개 **斯** 이 사 **已** 이미 이 **相** 서로 상 **難** 어려울 난 **易** 쉬울 이
較 비교할 교 **傾** 기울 경 **和** 어울릴 화 **隨** 따를 수 **是** 이 시 **以** 써 이
聖 거룩할 성 **處** 처리할 처 **焉** 어조사 언 **辭** 말씀 사 **恃** 자부할 시
功 공 공 **居** 쌓을 거 **夫** 모름지기 부 **唯** 오직 유 **去** 갈 거

내버려 두라 爲無爲

있는 그대로를 행함이다. 있는 그대로 내버려 두라. 그저 놓아버려라.

이것은 노자의 5천 글자 중에서 가장 핵심적인 가르침이다.
그저 있는 그대로 흘러가도록 하고 내버려 두라.
게으르라는 말이 아니다. 일어나는 대로 처리하고 일어나는 대로 대처하며
뛰어난 직관을 가지고 사물이나 상황을 처리하라는 말이다.

不尙賢 불 상 현	똑똑한 이를 우러르지 않으면
使民不爭 사 민 부 쟁	백성이 다투지 않고
不貴難得之貨 불 귀 난 득 지 화	얻기 어려운 재화를 귀히 여기지 않으면
使民不爲盜 사 민 불 위 도	백성이 도적이 되지 않고
不見可欲 불 견 가 욕	욕심 낼 만한 것을 보지 않으면
使民心不亂 사 민 심 불 란	백성의 마음이 어지럽혀지지 않는다.

상尙은 우러르고 숭상崇尙한다는 의미이며 귀貴는 귀히 여긴다는 뜻이다. 세상은 늘 더 좋은 것을 찾는다. 자본주의는 그런 인간의 속성에 가

장 알맞는 제도이다. 그렇지만 그 안에 있는 사람들은 좋은 것을 먼저 차지하기 위해서 지옥 같은 삶을 살아간다.

성인의 다스림은 백성들이 욕심내지 않고 마음이 어지럽혀지지 않도록 하는 것이지만, 사실 우리가 사는 세상은 그런 성인들의 가르침과는 먼 세상이다.

是以 聖人之治 시 이 성 인 지 치	때문에 성인의 다스림은
虛其心 허 기 심	그 마음을 비우게 하고
實其腹 실 기 복	그 배를 채우게 하며
弱其志 약 기 지	그 뜻은 약하게 하고
强其骨 강 기 골	그 뼈는 강하게 하는 것이라.

마음과 뜻은 약하게 하고 배와 뼈는 튼튼하게 하는 것을 말한다. 세상이 어지러워지는 것은 심心과 지志가 강한 사람들 때문이다. 투철한 의지를 가진 사람들이 많아진다는 것은 세상이 살기 어렵다는 말이 되고, 그런 사람들로 인해서 세상이 힘들어진다는 뜻이다.

무릇 다스리는 자는 사람들이 마음과 뜻을 강하게 가지지 않고 삶을 편안하게 살아갈 수 있도록 해야 한다는 뜻이다.

常使民無知無欲	늘 백성이 무지하고 무욕하게 하며
상 사 민 무 지 무 욕	
使夫智者不可爲也	지혜로운 자들이 감히 위선을 못하게 한다.
사 부 지 자 불 가 위 야	
爲無爲卽無不治	있는 그대로를 행한즉 다스려지지 않음이 없다.
위 무 위 즉 무 불 치	

여기서 가장 어려운 내용은 무지無知라는 단어이다. 백성을 무지랭이로 만들라는 말처럼 느껴지기 때문이다. 그러나 여기서의 무지는 다른 의미이다. 무위가 거짓과 허위를 모르는 그대로의 상태를 말한다면, 무지는 헛된 지식에 사로잡혀 있지 않음을 의미한다.

사람들은 온갖 사회적 도덕적 윤리적 종교적 가르침들에 세뇌되어 있다. 내가 듣고 배운 것을 지고의 진리로 착각하도록 온갖 매스컴과 책과 교육을 통해서 대부분의 사람들이 프로그램화된다. 이렇게 프로그램화된 컴퓨터 수천만대가 서로 싸운다면 세상은 온갖 혼란 속에서 살게 되리라.

노자에게 있어서 무지는 안다는 생각이 없는 상태를 말한다. 내가 뭘 알고 있다고 생각하는 것, 그것이 문제이다. 내가 아는 것은 내가 살아온 경험이며 내가 배워온 지식들이지만 그것은 다른 측면에서 보면 내가 세상으로부터 세뇌되고 프로그램화된 것들이다.

그래서 백성들이 서로 안다고 하지 않도록 하는 것이 중요하다. 서로에 대해서는 배려하고 나 자신에 대해서는 겸손토록 하는 것이 성인이 말하는 무지이다.

가톨릭 관상 서적 중에 〈무지의 구름The Cloud of Unknowing〉이라는 책이 있다. 이 책에는 신에게 이르는 방법으로 관상기도의 방식을 설명하고 있다.

신이라는 존재는 내가 알 수 없는 존재이다. 신이 무엇인지 나는 모른다. 나는 그저 프로그램화된 생각들과 종교에 의해서 세뇌 받았을 뿐이다.

그 신에 도달하기 위하여서는 모든 생각들을 내려놓고 신에게로 마음을 돌려야 한다. 그저 알 수 없다는 무지Unknowing의 마음으로 오직 신을 향해서 나아가는 것을 설명하는 이 책은 가톨릭 신비주의자들이 가는 길을 설명하고 있다.

노자의 책은 〈무지의 구름〉과는 성격이 조금 다르지만 그래도 무지의 덕을 칭찬한다.

지혜롭고 똑똑한 이들은 별로 매력이 없다. 오히려 순박함 가운데 진정한 지혜가 있다. 순박함은 모든 논리나 궤변을 뛰어넘는다. 그 순박함 속에 번뜩이는 진짜 지혜가 있다. 세상의 지식인들이라고 하는 사람들은 그들의 지식에 의해서 스스로 압도 당하는 경우가 많다.

그래서 노자는 지자智者들에게 감히 거짓과 위선을 하지 못하도록 하라고 했다. 이럴 때에 세상은 잘 다스려지겠지만 세상이 그리 단순한 것

만은 아니다. 이 세상은 온갖 허위와 위선들로 가득하다. 그러나 그곳에
가서 싸우고 바로잡는 일을 하는 것은 그런 소명을 받은 사람들의 몫이
다.

　노자는 무위의 순박하고 자연스러운 삶을 살라고 말한다. 내가 천지자
연과 하나가 되고 신성과 하나가 될 때 뿜어내는 우주의 에너지가 세상
을 변화시킨다는 것을 노자는 알고 있었을 것이다.

　한 그루의 큰 나무가 많은 사람의 쉼터가 되듯이 세상에 가서 싸우고
변혁시키지 않아도 무위의 도에 이른 성인은 세상을 변화시킨다.

不尙賢 使民不爭　　　　불상현 사민부쟁

不貴難得之貨 使民不爲盜　불귀난득지화 사민불위도

不見可欲 使民心不亂　　　불견가욕 사민심불란

是以 聖人之治 虛其心　　　시이 성인지치 허기심

實其腹 弱其志 强其骨　　　실기복 약기지 강기골

常使民無知無欲　　　　　　상사민무지무욕

使夫智者不可爲也　　　　　사부지자 불가위야

爲無爲卽無不治　　　　　　위무위즉무불치

똑똑한 이를 우러르지 않으면 백성이 다투지 않고

얻기 어려운 재화를 귀히 여기지 않으면 백성이 도적이 되지 않고

욕심 낼 만한 것을 보지 않으면 백성의 마음이 어지럽혀지지 않는다.

때문에 성인의 다스림은 그 마음을 비우게 하고

그 배를 채우게 하며 그 뜻은 약하게 하고 그 뼈는 강하게 하는 것이라.

늘 백성이 무지하고 무욕하게 하며

지혜로운 자들이 감히 위선을 못하게 한다.

있는 그대로를 행한즉 다스려지지 않음이 없다.

尙 우러를 상 賢 어질 현 貴 귀할 귀 得 얻을 득 貨 재화 화 使 시킬 사
民 백성 민 盜 도둑 도 亂 어지러울 난 治 다스릴 치 虛 비울 허 實 채울 실
腹 배 복 弱 약할 약 志 뜻 지 强 강할 강 骨 뼈 골 智 지혜 지 卽 곧 즉

심원함 道沖

여기서는 도道의 특성에 대해서 설명한다.

어떤 이들은 노자의 도덕경이 정치가를 위한 책이라거나, 신선이 되는 길을 가르치는 도가의 서적이라고 얘기한다. 그러나 필자가 보는 관점은 전혀 다르다. 노자는 정치나 신선이 되는 것에 관심이 없었다.

그저 자신이 깨달은 도의 실상을 남이 이해해 주기를 바랐다. 도라는 것은 대단히 사회적이고 지적인 능력을 가지거나 신선이 되거나 도술을 부리거나 하는 것이 아니라 가장 평범함으로 돌아오는 것이다.

사람들은 도라는 것이 무엇인가를 얻는 것이라고 생각한다. 그러나 도는 얻는 것이 아니라 비우는 것이며, 나의 사욕을 채우는 것이 아니라 보이지 않는 하늘의 마음으로 그 삿됨을 바꾸는 것이다

道沖而用之或不盈
도 충 이 용 지 혹 불 영

淵兮 使萬物之宗
연 혜 사 만 물 지 종

도는 심원해서 무엇을 사용해도 다 채울 수 없음이어.

깊도다! 만물의 으뜸되는 근원인 것이다.

여기서의 충沖은 비어 있다 혹은 심원하다는 뜻이다. 뒤에 나오는 것들을 보면 심원하다는 의미가 좀 더 강하다. 깊고 깊은 것이 도이며 만물이 그곳에서 나온다.

도道는 만물의 근원宗이고 만물이 그 하나에서 나오니 그것을 하나임Oneness이라고 하며 그 하나에서 나온 모든 것은 전체이며 모두임Allness 이다. 온 우주는 하나이면서 모두이다.

화엄경에서 말한 하나는 모두이고 모두는 하나라는 일즉다 다즉일一卽

多 多卽一과 같은 말이다.

이 세상은 자꾸 차이를 가지고 나누려고 하지만 최고의 가르침은 모든 것이 하나이고 그 하나의 근원에 도가 근원을 두고 있음을 말한다.

이것은 기독교의 이원성二元性과는 다르다. 비이원성의 세계에서는 오직 하나만이 존재한다. 선과 악이 따로 있는 것이 아니라 그 선과 악조차도 진리에 가까움의 정도 차이일 뿐 모두가 하나라는 것이다.

어미에게 있어서 나쁜 짓을 하는 아들조차도 어미는 사랑한다. 마찬가지로 천지자연은 모든 존재를 품고 먹이고 기른다.

挫其銳 解其紛 좌 기 예 해 기 분	도의 날카로움을 꺾고 어지러움을 풀어헤치고
和其光 同其塵 화 기 광 동 기 진	그 빛과 어울리고 그 알갱이와 같아져도
湛兮 似或存 담 혜 사 혹 존	도의 맑음이여! 있는 듯도 하지만
吾不知誰之子 오 부 지 수 지 자	어디서 왔는지 알지 못하는도다.
象帝之先 상 제 지 선	아마도 상제象帝보다도 먼저 있었으리라

도란 것이 무엇인지 어떻게 생겼는지 알 수 없고 아주 복잡하다. 풀어헤치면 빛과 알갱이처럼 아주 작고 미세하여 살펴보아도 없는 듯, 있는 듯하고 그것이 어디서 왔는지 알지 못한다.

이 4장은 도의 본질에 대해서 말하는 것이다. 도는 너무나 심원해서 있는지 없는지도 모르지만 상제象帝보다도 먼저 있던 것이다라고 요약할

도리 밖에 없다.

　도를 누가 설명할 수 있으랴. 있는 것 같은데 아무도 도의 깊은 곳을
본적이 없으니 말이다. 설령 보았다 해도 그것을 어찌 설명하겠는가.

道沖而用之或不盈　　　　　도충이용지혹불영
淵兮 使萬物之宗　　　　　　연혜 사만물지종

挫其銳 解其紛　　　　　　　좌기예 해기분
和其光 同其塵 湛兮　　　　화기광 동기진 담혜
似或存 吾不知誰之子　　　　사혹존 오부지수지자
象帝之先　　　　　　　　　　상제지선

도는 심원해서 무엇을 사용해도 다 채울 수 없음이여.
깊도다! 만물의 으뜸되는 근원인 것이다.

도의 날카로움을 꺾고 어지러움을 풀어헤치고
그 빛과 어울리고 그 알갱이와 같아져도 도의 맑음이여!
있는 듯도 하지만 어디서 왔는지 알지 못하는 도다.
아마도 상제象帝보다도 먼저 있었으리라

沖 심원할 충 或 혹 혹 盈 찰 영 淵 깊을 연 兮 어조사 혜 宗 으뜸 종
挫 꺾을 좌 銳 예리할 예 解 풀 해 紛 어지러울 분 光 빛 광 同 같을 동
塵 티끌 진 湛 맑을 담 似 비슷할 사 存 있을 존 吾 나 오 知 알 지
誰 누구 수 子 아들 자 象 코끼리 상 帝 임금 제 先 먼저 선

무심함 不仁

앞 장에서는 도충道沖이라고 하여 도가 심원하다고 했지만 이 장에서는 도의
또 다른 특성을 설명한다. 불인不仁, 어질지 않다는 뜻이다.
어질지 못하다는 의미가 아니라 무심하다는 의미이다.
보통 종교의 경전을 보면 신神은 우리 편에게는 무조건적으로 옳다하고 다른
편은 악惡으로 규정해서 벌을 주고 재앙을 내리는 인격적 신으로 의인화
해놓았다.
여기서 노자는 도道는 무심하다고 이야기한다. 그의 이야기를 들어보자.

天地不仁 以萬物爲芻狗
천 지 불 인 이 만 물 위 추 구

천지는 무심해서 만물이 흘러가도록 한다.

聖人不仁 以百姓爲芻狗
성 인 불 인 이 백 성 위 추 구

성인도 무심해서 백성이 그저 살도록 한다.

추구芻狗는 제사에 올리는 지푸라기로 만든 인형이다. 제사를 지낼 때
는 중시하지만, 제사가 끝난 후에는 버려지게 된다. 귀중히 쓰였다가 버
림받는 것이 추구芻狗이다. 우리 삶도 그렇다. 귀중하기도 하고, 천하기
도 한 것이 우리 삶이다. 우리 인생의 영고성쇠를 천지는 그저 지켜본다.
하늘은 그 가운데서 각자가 자신의 삶을 살도록 한다.

천지는 인격적 신이 아니다. 천지는 지금도 세계 어느 곳에서는 지진
을 일으키고 태풍을 만들어 내고, 홍수를 일으키며, 천둥을 내리치고, 폭

우를 쏟아 붇는다. 천지는 사람의 의지나 바람을 따라서 변화하는 어떤 존재가 아니다. 천지는 만물이 인연따라 흘러가도록 내버려 둔다.

신성은 어떨까? 신성도 무심할까? 신성은 우리의 가장 가까운 곳에 있어서, 가장 내밀한 생각을 읽으며 가장 미묘한 느낌들을 알아차린다. 그렇지만 그 신성이 우리의 생각과 감정에 관여하지는 않는다. 그분은 그저 거기에 있을 뿐이다.

성인도 또한 백성의 삶을 지켜보지만 그 삶에 관여하지 않는다. 사람들이 겪고 가야 할 것들을 그저 지켜본다. 어리석은 자들에게 말을 한다한들 알아듣지 못할 것을 알기에 그저 말없이 지켜보며 스스로 깨닫기를 바란다.

햇볕은 선인과 악인에게 모두 비추고 비도 마찬가지로 선인과 악인에게 모두 내린다. 천지와 신성은 그저 무심히 지켜본다. 그러나 천지와 신성은 또한 긍휼히 여기는 마음이 있다. 말없이 지켜보다가 도움을 청하는 사람에게 도움을 준다는 것이 모든 종교의 가르침이다. 그러나 노자는 천지는 그런 인격적 존재가 아니라고 말한다.

그러나 나는 신성과 성인은 무심 가운데 연민이 있고, 무심 가운데 사랑이 가득한 것이 신의 마음이고 성인의 마음이라고 생각한다.

天地之間　其猶橐籥乎 천 지 지 간　기 유 탁 약 호	천지와 풀무와의 차이는
虛而不屈　動而愈出 허 이 불 굴　동 이 유 출	쇠퇴하지 않고 비어 있다는 것과 더욱 많이 움직이는 것이니
多言數窮　不如守中 다 언 삭 궁　불 여 수 중	쓸데 없는 말을 하면 궁해지니 마음을 지킴만 못하다.

천지는 말이 없으나 쇠하지 않고 무심히 있으며 풀무는 바쁘게 움직이지만 성인은 풀무처럼 쓸데 없는 말을 하지 않고 천지처럼 말없이 있다.

이 세상은 말하는 것을 좋아한다. 인터넷을 보면 자극적인 기사들이 많이 올라와 있다. 사람들은 그런 기사들을 보고 온갖 자기 의견을 배출한다. 풀무처럼 말이다.

성인은 무심하다. 세상의 일에 관여하지 않는다. 천지의 도도 마찬가지이다. 세상에 폭풍우를 몰아치고, 번개를 내리치고, 지진을 내리면서 세상을 지배하지만 무심히 그 일을 할 뿐이다.

성인도 천지자연처럼 무심히 세상에 영향을 준다. 말할 필요조차 없다. 성인은 그저 존재하는 그 자체로 세상에 영향을 주고 있는 것이다.

天地不仁 以萬物爲芻狗　천지불인 이만물위추구
聖人不仁 以百姓爲芻狗　성인불인 이백성위추구
天地之間 其猶橐籥乎　천지지간 기유탁약호
虛而不屈 動而愈出　허이불굴 동이유출
多言數窮 不如守中　다언삭궁 불여수중

천지는 무심해서 만물이 흘러가도록 한다.
성인도 무심해서 백성이 그저 살도록 한다.
천지와 풀무와의 차이는
쇠퇴하지 않고 비어 있다는 것과 더욱 많이 움직이는 것이니
쓸데 없는 말을 하면 궁해지니 마음을 지킴만 못하다.

仁 어질 인 芻 짚 추 狗 개 구 百 백 백 姓 성씨 성 間 사이 간
猶 오히려 유 橐 풀무 탁 籥 피리 약 屈 굽힐 굴 動 움직일 동
而 말 이을 이 愈 나을 유 多 많을 다 言 말씀 언 數 자주 삭
窮 궁할 궁 如 같을 여 守 지킬 수 中 가운데 중

생명의 영원함玄牝

동의보감에 보면 니환궁泥丸宮이니 현빈玄牝이니 하는 말이 있다.

니환궁은 뇌를 의미하며, 신이 사는 곳이다. 황정경이라는 도가의 책을 보면 니환궁에는 9개의 궁이 있어서, 각기 다른 이름을 붙였다. 뇌에는 12개의 뇌신경이 연결되어 있는데, 옛사람들도 뇌의 연결을 보고서 그런 이름을 붙였을 것이다.

한편 〈동의보감〉에서는 코와 입을 현빈玄牝이 들락달락 거린다고 현빈의 문호玄牝之 門戶라고 하였다. 결국 현빈은 코와 입을 통해서 출입하는 생명의 기운을 이야기 하는 것이다.

여기에서 현빈은 그런 육체에 속하는 것이 아니다. 그것보다 훨씬 더 크고 광대한 무한세계의 현빈을 이야기하는 것이다. 노자의 이야기를 들어보자.

谷神不死 是爲玄牝 곡 신 불 사　시 위 현 빈	생명이 죽지 않는 계곡을 현빈이라 한다.
玄牝之門 是爲天地之根 현 빈 지 문　시 위 천 지 지 근	현빈의 문은 천지의 뿌리가 되는데
綿綿若存 用之不勤 면 면 약 존　용 지 불 근	면면히 존재하여서 애쓰지만 사용하지는 못한다.

곡신불사谷神不死는 谷 神不死 이런 식으로 띄어쓰기를 해서, 신神이 죽지 않는 계곡이라고 해석하는 것이 맥락에 가까울 듯하다. 신은 God 이라고 해석하기 보다는 생명生命이라고 해석을 하는 것이 좋을 듯하며, 그래서 곡신부를 생명은 죽지 않는 계곡이라고 해석하는 것이다.

물론 물질적 생명은 죽지만 본래의 생명命은 죽지 않는다. 다른 말로 하면 영혼靈魂은 죽지 않고 영원하다. 영혼이 죽지 않는 영원함의 골짜기

를 현빈이라고 부르는 것이다.

현빈은 미묘함의 골짜기이다. 천지만물이 그곳에서 나와서 존재하는 듯 하지만 인간의 힘으로 사용할 수는 없다.

세상은 눈에 보이는 것을 찾는다. 특히 과학은 눈에 보이는 것 혹은 증거가 명확한 것만을 다룬다. 눈에 보이지도 않고 있는지 없는지도 모르는 그 현빈의 세계는 인간의 눈에는 보이지 않고 알 수도 없고, 설사 본다 한들 언어로 전달할 수도 없다. 그래서 부처는 염화미소로서 제자에게 말하였고, 예수는 비유로써 말하였다.

이 세상 만물이 나온 현빈의 세계는 우리와는 다른 차원의 세계이다. 물리학자는 우주가 11차원이라고 한다. 시간 1차원과 공간을 포함한 다른 10차원, 그래서 11차원의 세계이고 그것을 11차원의 멤브레인 MEMBRANE으로 설명한다.

우주의 실상은 과학자들이 11차원이라 얘기하지만 우리는 시간조차도 감지 못하고 그저 3차원의 세계가 전부라며 살아가는 존재들이다.

인간의 세계 너머에 궁극과 이상의 세계가 있는데 그곳을 현빈이라 하

행복한 비움

며 그곳에서 신은 죽지 않는다.

여기서 신은 우리가 흔히 얘기하는 God이 아니라 혼魂을 이야기한다. 어떤 초월적인 존재가 있는 곳이 아닌 우리 모두의 고향, 그곳을 노자는 현빈이라고 부른다.

노자는 현빈이라는 단어를 통해서 물질세계 너머의 무한의 세계를 말하고 있지만 그것을 이해시킬 수도 이해할 수도 없다.

그저 마음을 비우고 정신을 통일하고 내가 천지자연과 하나되고 온 우주의 기운을 느끼고 신성과 하나될 때에만 느끼고 알 수 있는 그 현빈의 세계를 노자는 말하지만 누가 그 세계를 보았으랴!

오직 영혼이 맑고 깨끗한 사람들, 진리에 헌신한 극소수의 사람들만이 그것을 알리라!

谷神不死 是爲玄牝　　곡신불사 시위현빈
玄牝之門 是爲天地之根　현빈지문 시위천지지근
綿綿若存 用之不勤　　면면약존 용지불근

생명이 죽지 않는 계곡을 현빈이라 한다.
현빈의 문은 천지의 뿌리가 되는데
면면히 존재하여서 애쓰지만 사용하지는 못한다.

谷 계속 곡 神 신 신 死 죽을 사 玄 검을 현 牝 암컷 빈
根 뿌리 근 綿 이어질 면 若 같을 약 用 쓸 용 勤 애쓸 근

제2부
헌신

이 세상을 가장 치열하게 사는 사람은 진리를 알고 진리에 헌신하는 사람들이다. 단 하나의 진리를 위해서 그들은 목숨을 건다. 그러나 그들은 세상에 나가서 싸우고, 세상을 개혁하고, 세상의 부조리를 고발하는 사람들이 아니다.

그들은 최고의 진리에 헌신하는 사람들이다. 그들이 추구하는 진리는 우리의 존재 자체에 대한 근본적인 것이다. 세상에서 이기고, 세상을 좋은 곳으로 바꾸는 것은 또 다른 사람들의 사명이다.

이들 헌신자들은 세상의 빛이 되고, 세상이 우리 존재의 이유와 목적을 알게 하고, 우리가 왜 여기 이곳에서 이렇게 살아가야 하는지 그 근본적인 물음에 대한 답을 찾으려는 사람들이다.

이런 헌신자들은 가끔은 세속을 떠나서 그들만의 장소에서 그들의 삶을 헌신에 바친다. 그러나 세상 속에 사는 우리들은 그런 방식의 삶을 살아갈 수 없다. 특별한 소명을 가진 이들만이 그런 곳으로 물러나 살 수 있다.

우리는 세속 가운데서 어떻게 헌신의 마음으로 살아갈지 방향을 찾고 있다. 바로 여기서 우리의 삶을 진리에 헌신하고, 사람들을 사랑하고, 평화를 나누는 삶을 살아야 하는 것이다. 그 방법은 나를 낮추고 사람들과 다투지 않고 물러나서 없는 듯이 말없이 세상에 기여하며 욕심을 비우는 것이다.

그리고 삶의 오르내림을 그저 받아들이면서 있는 그대로의 무위의 삶을 살아가야 한다. 그럴 때에 우리는 도의 길을 알 것이고, 그 도에 가까이 가서 이 세상에서 우리의 진정한 존재 목적을 얻을 것이다.

나 없음 無私

이 장에서는 도道 이야기에서 벗어나, 몸을 보존하는 이야기를 한다. 사실 도는 멀리 따로 있는 것이 아니다. 일상 가운데서 기운을 잘 세우고 마음을 고요히 하는 것이 도이다.

노자가 살던 당시는 군웅들이 일어나서 서로 정복하고 죽이고 배신하며 합종연횡하던 시대였다. 노자는 그런 시대를 살아가는 사람들에게 도를 빌어서 지혜를 주고 있다.

天長地久
천 장 지 구

하늘은 넓고 땅은 오래도다

天地所以能長且久者
천 지 소 이 능 장 차 구 자

천지가 넓고도 오랜 까닭은

以其不自生 故能長生
이 기 부 자 생 고 능 장 생

그것이 스스로 애쓰지 않기에 능히 오래 간다.

천지는 스스로 있는 것이기에 영원 전부터 있었고 영원 후에도 있을 것이다. 천지가 이렇게 오래 가는 이유는 그것이 스스로를 내세우지 않기 때문이다. 사실 천지자연은 내세울 것도 없다.

온 세상이 바로 그 자신이니 무엇을 내세울까? 그저 존재하며 만물의 근원으로서 생명을 낳고 생명을 기르고 생명의 기쁨이 이 세상에 가득하게 한다.

是以聖人	때문에 성인도 또한
시 이 성 인	
後其身而身先	그 몸을 뒤로 하는 것으로 몸이 앞서가고
후 기 신 이 신 선	
外其身以身存	그 몸을 밖으로 함으로써 몸이 보존되니
외 기 신 이 신 존	
非以其無私邪	나라는 것이 없기에
비 이 기 무 사 야	
故能成其私	능히 그 나를 이룬다
고 능 성 기 사	

여기서는 자신을 이루는 방법을 설명한다. 자신을 이루기 위해서는 앞에 나서거나 세상 일에 끼어들어서는 안된다. 고요히 뒤로 물러서고 일에 관여치 않음으로써 '나의 삿됨'을 없애서 진정한 나를 이루는 것이다.

대부분의 사람들은 자신을 이루고 자신의 업적을 세우고 세상에 우뚝 서기를 원하지만 노자는 그 반대로 이야기한다. 세상에서 물러나서 사람들의 일에 관여치 않음으로써 자신을 이루기를 충고하는 것이다.

이 세상은 인연따라 흘러간다. 인류가 멸망하지 않고 여기까지 온 것도 기적이다. 서로 죽이고 배신하며 잔인한 전쟁 도구로 지구를 수백, 수천번 멸망시킬 핵무기를 가득 가지고 있는 인류가 이렇게 여기까지 온 것은 성인들의 가르침과 천지의 도움이 없었다면 이루어 질 수 없었을 듯하다.

역사는 인간이 이루는 것이 아니다. 인간보다 훨씬 더 큰, 보이지 않는 힘에 의해서 그나마 이 세상이 유지되는 것이다.

노자도 보았을 것으로 추정되는 우리 민족의 오래된 책인 〈참전계경參
佺戒經〉의 구절을 보자.

人不敬天 天不應人 如草木之不經雨露霜雪

인불경천 천불응인 여초목지불경우로상설

사람이 하늘을 공경하지 않으면 하늘이 사람에게 응하지 않으니
이는 풀과 나무가 비와 이슬을 맞지 않는 것과 같다.

하늘이 무조건적인 사랑을 내리지 않았다면 풀과 나무가 다 말라 죽었
을 것이지만 천지의 무한한 사랑이 있어서 그나마 우리가 여기 존재하고
있는 것이다.

天長地久 天地所以能長且久者 천장지구 천지소이능장차구자

以其不自生 故能長生 이기부자생 고능장생

是以聖人 後其身而身先 시이성인 후기신이신선

外其身以身存 외기신이신존

非以其無私邪 故能成其私 비이기무사야 고능성기사

하늘은 넓고 땅은 오래도다.

천지가 넓고도 오랜 까닭은

그것이 스스로 애쓰지 않기에 능히 오래 간다.

때문에 성인도 또한 그 몸을 뒤로 하는 것으로 몸이 앞서가고

그 몸을 밖으로 함으로써 몸이 보존되니

나라는 것이 없기에 능히 그 나를 이룬다

久 오랠 구 能 능할 능 且 또 차 者 놈 자 生 날 생

後 뒤 후 先 앞 선 私 사사로울 사

08

다투지 않음 不爭

다시 말하지만 노자의 도덕경은 도를 얻어서 대단한 능력을 발휘하는 것을 말하는 책이 아니다.

노자는 가장 평범해지고 가장 낮아지는 것을 끝없이 얘기한다. 노자의 도는 성령의 은혜를 받아서 혹은 수련을 통하여 신통력을 얻어서 세상이 온통 즐거워지고 늘 기쁨에 차 있는 그런 것 하고는 전혀 다르다.

여기서 노자가 말하는 최고의 선善을 들어보면 이해가 될 것이다.

노자는 최고의 선을 물에 비유하여 성인은 물과 같아서 사람들이 싫어하는 것을 하고 낮아져서 세상을 대할 뿐만 아니라 모든 것에 물과 같이 다툼이 없이 자연의 도에 따라서 하기에 근심이 없다고 설명한다.

上善若水
상 선 약 수

최고의 선은 물과 같다.

水善利萬物而不爭
수 선 리 만 물 이 부 쟁

물은 만물을 이롭게 하지만 다투지 않으며

處衆人之所惡
처 중 인 지 소 오

뭇 사람들이 싫어하는 곳에 머무르니

故幾於道
고 기 어 도

그러므로 도에 가깝다.

성인은 물과 같아서 잘하는 것들을 계속해서 열거한다.

居善地 거 선 지	머무를 땅을 잘 고르고
心善淵 심 선 연	마음은 그윽하게 하며
與善仁 여 선 인	나눔에 어짐으로써 하고
言善信 언 선 신	말은 믿음직스럽게 하며
政善治 정 선 치	정치는 잘 다스리고
事善能 사 선 능	일은 능하게 처리하며
動善時 동 선 시	움직임에는 때를 잘 가리고
夫惟不爭 부 유 부 쟁	무릇 그저 다투지 않으니
故無尤 고 무 우	때문에 근심이 없다.

성인은 물처럼 흘러간다. 똑똑하다는 사람들은 규범과 규칙을 만들고 다스리는 법도를 정하여서 세상을 다스린다.

한 나라의 대통령이 되면 최고의 지성과 인기를 누리며 국민들을 다스린다. 그래서 추종세력도 생기고 잘 다스린다고 생각들을 한다.

그러나 세상의 정치를 보면 여당과 야당이 있어서 서로에 대한 견제와 비판, 정책에 대한 첨예한 대립이 있다. 이 세상에는 모든 이들을 만족시키는 방법이 없기에 각자가 지지하는 정당이 따로 있다.

그래서 그들의 지도자를 뽑지만 자신이 뽑은 지도자조차도 나중에는 마음에 안 들어하는 경우가 많다.

노자가 이야기하는 성인은 현실세계에는 있을 수 없다. 노자의 성인聖 人정치는 그의 이상주의일 뿐, 이 땅에서는 영원히 이루어지지 않을 꿈인지도 모른다.

노자는 현실세계에 대한 기대를 포기한 사람이다. 공자가 노자를 찾아왔을 때, 노자는 공자에게 쓸데 없이 세상 일에 끼어들지 말라는 식으로 얘기를 했고 공자는 이에 정신적 충격을 받은 것으로 〈장자〉나 다른 책에 묘사되어 있다.

노자는 세상을 빗대어서 또 다른 세계에 대한 이야기를 하고 있을 뿐이다. 노자는 이 세상에 관심이 없다. '에고'들이 서로 갈등하고 싸워대는 이 세상에 대한 희망이나 기대를 포기하고 그가 역사에서 사라진 것은 그의 세계관을 엿볼 수 있는 대목이다.

그래서 다음 장에는 신퇴身退, 몸을 물리치는 대목이 나온다.

上善若水　　　　　　　　　　　　상선약수

水善利萬物而不爭　　　　　　　　수선리만물이부쟁

處眾人之所惡 故幾於道　　　　　처중인지소오 고기어도

居善地 心善淵 與善仁 言善信　거선지 심선연 여선인 언선신

政善治 事善能 動善時　　　　　정선치 사선능 동선시

夫惟不爭 故無尤　　　　　　　　부유부쟁 고무우

　최고의 선은 물과 같다.
　물은 만물을 이롭게 하지만 다투지 않으며
　뭇 사람들이 싫어하는 곳에 머무르니 그러므로 도에 가깝다.

　머무를 땅을 잘 고르고 마음을 그윽하게 하며
　나눔에 어짐으로써 하고 말은 믿음직스럽게 하며
　정치는 잘 다스리고 일은 능하게 처리하며 움직임에는 때를 잘 가리고
　무릇 그저 다투지 않으니 때문에 근심이 없다.

善 좋을 선 若 같을 약 利 이로울 리 爭 다툴 쟁 眾 무리 중
所 바 소 惡 미워할 오 幾 가까울 기 於 어조사 어 居 머무를 거
淵 깊을 연 與 함께할 여 仁 어질 인 政 정사 정 治 다스릴 치
事 일 사 時 때 시 夫 모름지기 부 尤 근심할 우

09

물러남 身退

성인의 마음은 물과 같을 뿐만 아니라 세상의 것으로 채우고 부귀를 얻으려 하지 않으며 교만하지도 않는다. 때문에 허물이 없으며 물러서서 천지의 도가 저절로 이루어지도록 한다.

성인은 세상에 나설 이유도, 세상을 바꾸려고 애쓸 이유도 없다. 이미 도와 같아졌기에 그저 도 그 자체로 살아간다.

持而盈之 不如其已 지 이 영 지　불 여 기 기	계속해서 채우는 것은 그만 둠만 못하고
揣而梲之 不可長保 췌 이 절 지　불 가 장 보	건물의 크기나 재는 것은 오래 보존하는 것만 못하며
金玉滿堂 莫之能守 금 옥 만 당　막 지 능 수	금과 보물이 집에 가득 차도 지킬 수 없다.
富貴而驕 自遺其咎 부 귀 이 교　자 유 기 구	부귀와 교만은 스스로 그 허물만을 남길 뿐이다.
功遂身退 天地道 공 수 신 퇴　천 지 도	공이 이루어지면 물러남이 하늘의 도이다.

　노자의 말은 역설이다. 그는 음양의 이치 중에서 늘 음陰적인 가치를 추구하도록 촉구한다. 세상은 양陽적인 것을 더 나은 것이라고 생각하지만 도는 음적인 것이라고 얘기한다.

　자세는 양적으로 적극적이어야 하지만 실제적으로 세상을 대할 때에

행복한 비움

는 양적으로 나가서 쟁취하고 발전하고 추구하는 것보다 받아들이고 수용하고 물러나기를 노자는 얘기한다.

우리는 물러날 때를 알아야 한다. 권력의 무상함을 우리는 한국의 근현대사에서 본다. 쫓겨나고, 시해당하고, 감옥에 가고… 추하게 물러가는 사람들을 보면서 물러날 때를 모르면 하늘에서 응징함을 본다.

우리는 이 세상에 와서 모든 것을 다 이루고 성취하여 다 소유하고 영원히 그 가운데 머무를 수 있다고 착각한다. 그러나 세상의 모든 것은 때가 되면 저절로 이루어지며 그 이룸을 마치면 우리는 물러나야 한다.

청소년기에는 열심히 배움을 익혀서 성인의 때를 대비하고 성인기에는 열심히 사회에 봉사하고 자신의 일을 이룬다. 이제 노인이 되면 물러나서 후배들에게 사회와 나라를 물려줘야 한다.

나라의 미래를 짊어지겠다는 노인들이 많아지면 그 나라는 발전이 없다. 조용히 물러나서 후손들이 잘하기를 바라는 것이 하늘의 도이다. 모든 역사의 비극들은 물러나지 않으려는 욕심에서 비롯되었다. 우리가 나이를 먹어서 세상에서 은퇴하면 젊은 사람들이 그 뒤를 이어서 발전

시킨다.

우리 삶도 마찬가지이다. 젊었을 때 열심히 일하고 나이 들어서 좋은 것을 물려주면 그것으로 족하다. 우리의 생명이 영원하지 않기에 이 세상을 떠날 준비를 할 때가 올 것이다.

우리의 삶은 마지막 그때를 준비하는 것이다. 그 마지막의 때에 기꺼운 마음으로 우리의 본래 고향으로 돌아갈 준비가 되어 있는 사람만이 진정 이 세상에서의 일을 마친 사람들일 것이다.

持而盈之 不如其己	지이영지 불여기기
揣而梲之 不可長保	췌이절지 불가장보
金玉滿堂 莫之能守	금옥만당 막지능수
富貴而驕 自遺其咎	부귀이교 자유기구
功遂身退 天地道	공수신퇴 천지도

계속해서 채우는 것은 그만 둠만 못하고
건물의 크기나 재는 것은 오래 보존하는 것만 못하며
금과 보물이 집에 가득 차도 지킬 수 없다.
부귀와 교만은 스스로 그 허물만을 남길 뿐이다.
공이 이루어지면 물러남이 하늘의 도이다.

持 지속할 지 如 같을 여 己 그칠 이 揣 헤아릴 췌 梲 막대기 절
保 보존할 보 金 금금 玉 구슬 옥 滿 가득할 만 堂 집 당
莫 말 막 守 지킬 수 富 부할 부 貴 귀할 귀 驕 교만할 교
遺 남길 유 咎 허물 구 遂 이룰 수 退 물러날 퇴

10 심오한 덕 玄德

여기서의 현玄은 어질 현賢이 아니다. 어질게 세상을 다스림을 말하는 것이 아니라 숨어있는 덕, 보이지 않는 덕을 말함이다. 세상은 드러나지 않는 듯하지만 드러난다. 성인의 마음은 세상에서 멀어질수록 더 많은 사람들에게 영향을 미칠 수 있다. 성철스님이나 법정스님의 마음이 세상에 어질게 펼쳐지지는 않았지만 그들의 보이지 않는 덕은 온 세상을 덮고 있다.

載營魄抱一能無離乎
재 영 백 포 일 능 무 리 호

영백을 실어서 하나로 품고
떠나지 않게 할 수 있는가?

專氣致柔能嬰兒乎
전 기 치 유 능 영 아 호

기를 오롯이 하여 부드러움에 이르고
어린아이처럼 같아질 수 있는가?

滌除玄覽能無疵乎
척 제 편 람 능 무 자 호

제除를 씻어내고 잘 살펴서
능히 상처가 없게 할 수 있는가?

愛國治民能無知乎
애 국 치 민 능 무 지 호

나라를 사랑하고 백성을 다스림에
무지無知하게 할 수 있는가?

天門開闔能無雌乎
천 문 개 합 능 무 자 호

하늘 문이 열리고 닫힘에
자雌가 없이 할 수 있는가?

明白四達能無爲乎
명 백 사 달 능 무 위 호

사달四達을 밝힘에 무위할 수 있는가?

生之畜之生而不有
생 지 축 지 생 이 불 유

낳고 기르고 살리지만 소유하지 않고

爲而不恃長而不宰
위 이 불 시 장 이 부 재

행하되 교만하지 않고
어른이되 군림하지 않으니

是爲玄德
시 위 현 덕

이를 오묘한 덕이라 한다.

낳고 길러서 살리되 소유하지 않고 행하되 교만하지 않으며 다스리되 군림하지 않으니, 이것을 현덕玄德이라 한다.

지도자들은 자신의 치적을 드러내기 위해서 여론조작을 하는 경우가 많다. 독재국가나 전체주의 국가에서 주로 쓰는 수법이 여론조작과 언론조작 같은 것들이다. 훌륭한 지도자는 온 백성을 하나로 품고 백성과 서로 소통하지만 결코 자랑하지 않는다.

그런 겸손한 지도자를 얻은 백성은 복이 있는 백성이다. 우리가 사는 이 땅에도 백성 사랑하기를 자식 사랑하기처럼 하며 결코 드러내지 않는 겸손한 지도자가 있어야 한다. 무릇 정치에 뜻을 둔 사람이라면 백성을 하나로 품어서 네편과 내편을 가르지 않고 좌와 우를 가르지 않아서 미묘한 덕을 펼치는 사람이어야만 한다.

지도자들이 사욕으로 정치를 하는 경우, 하늘이 가만 두지 않을 것을 안다면 함부로 정치를 하지 않을 것이다.

載營魄抱一 能無離乎　　재영백포일 능무리호

專氣致柔 能嬰兒乎　　전기치유 능영아호

滌除玄覽 能無疵乎　　척제편람 능무자호

愛國治民 能無知乎　　애국치민 능무지호

天門開闔 能無雌乎　　천문개합 능무자호

明白四達 能無爲乎　　명백사달 능무위호

生之畜之 生而不有 爲而不恃　생지축지 생이불유 위이불시

長而不宰 是爲玄德　　장이부재 시위현덕

영백營魄을 실어서 하나로 품고 떠나지 않게 할 수 있는가?

기를 오롯이 하여 부드러움에 이르고 어린아이처럼 같아질 수 있는가?

제거를 씻어내고 잘 살펴서 능히 상처가 없게 할 수 있는가?

나라를 사랑하고 백성을 다스림에 무지無知하게 할 수 있는가?

하늘 문이 열리고 닫힘에 자雌가 없이 할 수 있는가?

사달四達을 밝힘에 무위할 수 있는가?

낳고 기르고 살리지만 소유하지 않고 행하되 교만하지 않고

어른이되 군림하지 않으니 이를 오묘한 덕이라 한다.

載 실을 재 營 경영할 영 魄 혼 백 抱 안을 포 離 떠날 리 乎 어조사 호
專 오로지 전 氣 기운 기 致 이를 치 柔 부드러울 유 嬰 어린아이 영
兒 아이 아 滌 씻을 척 除 제거할 제 覽 볼 람 疵 허물 자 愛 사랑할 애
國 나라 국 民 백성 민 開 열 개 闔 닫을 합 雌 암컷 자 明 밝을 명
白 흰 백 四 넉 사 達 통달할 달 畜 기를 축 恃 자부할 시 宰 다스릴 재

무의 쓰임 無之用

세상은 겉으로 드러난 것을 중요시한다. 그러나 노자는 드러나지 않음의
중요성을 이야기한다.

三十輻共一轂 삼 십 복 공 일 곡	30개의 바퀴살은 1개의 바퀴축을 함께 하여서
當其無有車之用 당 기 무 유 거 지 용	그 빈 것其無이 수레의 쓰임을 있게 하며
埏埴以爲器 선 치 이 위 기	진흙을 이겨서 그릇을 만들 때
當其無有器之用 당 기 무 유 기 지 용	그 빈 것其無을 그릇의 쓰임으로 있도록 하며
鑿戶有以爲室 착 호 유 이 위 실	문을 뚫어서 방을 만듦에
當其無有室之用 당 기 무 유 실 지 용	그 빈 곳에 방이 있음에 쓰이도록 하는 바
故有之以爲利 고 유 지 이 위 리	때문에 있도록 해서 이로움이 됨은
無之以爲用 무 지 이 위 용	없어서 사용이 되게 함이라.

동양화의 특징을 빈 공간의 미라고 흔히들 얘기한다. 서양화는 캠퍼스의 모든 곳을 물감으로 채워서 조금도 빈 곳을 두지 않으나 동양화는 붓이 간 곳보다 비어있음이 더 많다.

마찬가지로 우리가 고궁에서 주변 자연과의 조화를 볼 수 있는 비어있는 것이 있음으로써 건물과 나무와 연못 등이 더욱 조화롭고 아름다워진다.

약간 다른 관점에서 비어있음과 비슷한 고요와 침묵에 대해서 얘기해 보자. 이 세상은 침묵과 고요를 싫어한다. 사람들은 늘 무언가 보고 듣기를 즐겨 한다. 등산을 하면서도 라디오 방송을 틀고서 간다. 그들의 마음은 고요함을 못견뎌 한다.

교도소에서 최고의 형벌은 독방에 가두는 것이라고 한다. 혼자 있을 때 사람들은 마음에서 일어나는 생각들로 고통을 당한다. 불면증 자체는 큰 문제가 아니나 잠을 못자는 동안에 일어나는 생각으로 사람들은 엄청나게 괴로워한다.

이 세상은 본래 고요에서 태어났으나 우리 마음은 그 고요와 침묵을 못견뎌 한다. 노자는 빈 공간의 쓰임에 대해서 이야기 했지만, 나는 그 빈 공간의 본질에 대해서 이야기한다.

우리는 빈 공간, 공空의 공간에 있을 때, 진정 세상의 모든 것으로부터 자유로워질 수 있다. 쓸데 없는 생각들로부터

완전히 자유로워지기는 불가능하지만 재잘거림을 멈추고 끝없이 마음의 작용을 지켜보면서 그 생각을 놓아버림은 진정한 자유에 이르는 길이다.

〈요가수트라〉라는 인도의 명상에 관한 경전에서는 수행이란 마음을 통제하는 것이라고 한다. 마음이 그저 고요에 머물러서 이 세상을 있는 그대로 비춰볼 수 있을 때 우리는 노자가 말하는 무위無爲의 도에 이를 수 있다.

마음이 비어있을 때에만 우리는 세상을 담을 수 있다. 세상을 담으려면 우리는 주의나 주장으로부터 자유로워야 하고 도그마로부터 벗어나 있어야 한다. 그럴 때에 우리는 진정한 자유인이 될 것이다.

三十輻共一轂 當其無有車之用　삼십복공일곡 당기무유거지용
埏埴以爲器 當其無有器之用　　선치이위기 당기무유기지용
鑿戶有以爲室 當其無有室之用　착호유이위실 당기무유실지용
故有之以爲利 無之以爲用　　　고유지이위리 무지이위용

30개의 바퀴살은 1개의 바퀴축을 함께 하여서 그 빈 것其無이 수레의 쓰임을 있게 하며, 진흙을 이겨서 그릇을 만들 때 그 빈 것其無을 그릇의 쓰임으로 있도록 하며, 문을 뚫어서 방을 만듦에 그 빈 곳에 방이 있음에 쓰이도록 하는 바, 때문에 있도록 해서 이로움이 됨은 없어서 사용이 되게 함이라

輻 바퀴살 **복轂** 바퀴통 **곡當** 마땅할 **당車** 수레 **거埏** 반죽할 **선**
埴 찰흙 **치器** 그릇 **기鑿** 뚫을 **착戶** 집 **호室** 방 **실**

다섯가지 색 五色

우리 몸은 정보의 90%를 눈으로 받아들인다. 그래서 몸이 천냥이면 눈은 9백냥이라고 한다. 여기서는 눈을 통해서 들어온 감각 정보와 다른 감각적 욕구를 바라보는 관점을 생각해보자.

五色令人目盲
오 색 령 인 목 맹

찬연한 빛은 사람을 눈멀게 하고

五音令人耳聾
오 음 령 인 이 롱

아름다운 소리는 귀먹게 하며

五味令人口爽
오 미 령 인 구 상

맛있는 음식은 입을 망친다.

馳騁畋獵
치 빙 전 렵

말을 달려서 수렵을 하는 것은

令人發狂心
령 인 발 광 심

마음을 광분하게 하고

難得之貨
난 득 지 화

얻기 어려운 재화는

令人行妨
령 인 행 방

행동에 장애가 있게 한다.

是以聖人
시 이 성 인

때문에 성인은

爲腹不爲目
위 복 불 위 목

배를 위하지 눈을 위하지는 않는다.

故去彼取此
고 거 피 취 차

그래서 눈을 피하고 배를 취한다.

견물생심이라는 말이 있다. 물건을 보면 갖고자 하는 욕심이 생긴다. 인간의 눈 코 귀 입은 좋은 것을 보고, 듣고, 냄새 맡고, 먹고 싶어한다. 그런 감각적 즐거움에서 벗어나기가 쉽지 않은 것은 인간 자체가 그런 감각적 즐거움을 기본으로 하여 생의 기쁨을 찾는 존재들이기 때문이다. 좋은 영화를 보거나 아름다운 음악을 듣고 맛있는 것을 먹는 것이 바로 천국이라고 생각한다.

눈 코 귀 입의 촉감은 감각으로서 즐거움의 통로이다. 그 통로가 마음을 어지럽히는 것을 노자는 경계했다. 이는 반야심경의 안이비설신의眼耳鼻舌身意와 통한다. 안이비설신의가 일으키는 마음은 공空하다고 반야심경에서 말하지만 사람들은 오늘도 감각적 기쁨이나 즐거움을 추구한다. 반야심경에서는 의意라는 표현을 써서 생각을 일으키는 것조차 공空하다고 한다. 우리 마음이 일으키는 것조차 실체가 있는 것이 아니라 공

행복한 비움

空하여서 왔다가 사라질 뿐이라는 것이다.

모든 성인은 감각과 욕망의 초월을 강조한다. 그러나 감각적 욕구에서 벗어나기는 정말 어렵다. 노자도 그것이 우리가 극복해야할 과제라고 말한다. 그저 생리적 욕구인 배고픔만을 해결하고 꼭 필요한 것 이외의 것을 탐내지 않으며, 안이비설신의眼耳鼻舌身意에 의한 욕망을 극복하기를 노자는 사람들에게 마음 속 깊이 권하고 있다.

여기서 간디가 늘 머리맡에 두고 읽었던 〈바가바드 기타〉에서 특히 좋아했던 구절을 소개해본다.

〈바가바드기타〉 2장 58~72

58. 거북이가 껍질 안으로 물러나듯이 감각의 대상으로부터 모든 감각들을 물리친 이, 그런 사람은 굳건한 지혜의 사람이다.

59. 금욕하는 사람에게 있어서 감각의 대상들이 희미해져도 그것들에 대한 갈망은 지속된다. 그러나 진리를 본 사람은 갈망조차 사라진다.

60. 처음에는 비록 그가 지속적으로 그것들을 가라앉히려 해도 사나운 감각들이 그의 마음을 잡아 뜯고 거칠게 휩쓸어 간다.

61. 감각을 제어하고 훈련하기 위해서는 그의 온 마음을 나에게 집중해야 한다. 감각들이 통제될 때, 그는 지혜의 사람이다.

62. 감각의 대상에 계속해서 머무를 때, 집착이 일어난다.

63. 집착으로부터 욕망이 타오르며 욕망으로부터 분노가 생겨나고 분노로부터 혼란이 뒤따른다.

64. 혼란으로부터 잘못된 판단이 생기고 그 다음에 잘못된 앎이 오고 잘못된 앎으로부터 파멸에 이른다.

65. 그러나 자기를 통제하는 이, 감각의 대상을 갈망하지도 혐오하지도 않는 사람은 마침내 평화를 얻는다. 평화 속에서 모든 슬픔은 한꺼번에 영원히 사라지고 그의 마음이 평온해질 때, 그의 앎은 흔들림 없이 지속된다.

66. 훈련되지 않은 사람은 지혜도 없고 마음의 집중도 없다. 마음이 집중되지 않으면 평화가 없다. 평화가 없으면 어디에 기쁨이 있겠는가?

67. 종잡을 수 없는 감각들을 마음이 쉼 없이 따를 때, 바람이 배를 항로에서 벗어나게 하듯 마음은 지혜로부터 멀어진다.

68. 아르주나여, 그렇게 모든 감각화의 대상으로부터 그의 감각들을 물리친 이, 그 사람은 굳건한 지혜의 사람이다.

69. 모든 존재들이 밤에 있어도 지혜의 사람만이 참나의 빛을 본다. 모든 존재들이 깨어있는 감각의 세계는 그에게 있어서 밤처럼 어둡다.

70. 강물이 바다로 흘러가듯이 욕망들이 차있어도 흔들리지 않는 이, 그런 사람은 완벽한 평화를 얻는다.

71. 모든 욕망들을 포기하고 갈망 없이 행하며 '나' 그리고 '나의 것'이라는 모든 생각들로부터 자유로운 이, 그런 사람은 지극한 평화에 이른다.

72. 아르주나여, 이것이 신성의 상태이다. 모든 곳에서, 언제나, 심지어 죽음의 순간에도 이 상태에 몰두하고 있으면 그는 신의 가슴 안에서 하나가 된다.

행복한 비움

五色令人目盲　　오색령인목맹

五音令人耳聾　　오음령인이롱

五味令人口爽　　오미령인구상

馳騁畋獵　　　　치빙전렵

令人發狂心　　　령인발광심

難得之貨　　　　난득지화

令人行妨　　　　령인행방

是以聖人　　　　시이성인

爲腹不爲目　　　위복불위목

故去彼取此　　　고거피취차

찬연한 빛은 사람을 눈멀게 하고
아름다운 소리는 귀먹게 하며
맛있는 음식은 입을 망친다.
말을 달려서 수렵을 하는 것은 마음을 광분하게 하고
얻기 어려운 재화는 행동에 장애가 있게 한다.
때문에 성인은 배를 위하지 눈을 위하지는 않는다.
그래서 눈을 피하고 배를 취한다.

色 색 색 令 하여금 령 盲 눈 멀 맹 音 소리 음 耳 귀 이 聾 귀먹게 할 롱
味 맛 미 爽 상쾌할 상 馳 달릴 치 騁 달릴 빙 畋 사냥 전 獵 사냥 렵
發 발할 발 狂 미칠 광 難 어려울 난 妨 방해할 방 腹 배 복 目 눈 목
去 갈 거 彼 이 피 取 취할 취 此 저 차

삶의 오르내림 寵辱

인간은 늘 실존의 세상과 마주친다. 세상과 마주칠 때 일어나는 생각과
감정은 우리를 그냥 내버려두지 않는다. 세상과 마주칠 때 어떻게 하면 그
생각과 감정에서 자유로워 질 수 있을까?

노자 시대의 불안이나 혼돈. 가난과 비교한다면 지금은 훨씬 풍요로워졌지만
신자유주의가 극도로 퍼져있는 이 시대는 그 시대 못지 않게 사람들을 불안케
한다. 어릴적부터 생존경쟁에 내몰린 인간 군상들은 어떻게 이 세상을 살아
가야 하나. 노자의 말을 들어보자.

寵辱若驚 貴大患若身	총 욕 약 경 귀 대 환 약 신	총욕 때문에 불안한 것처럼 몸을 소중히 하거나 걱정한다.
何爲寵辱若驚	하 위 총 욕 약 경	총욕은 무엇을 불안하다는 것인가?
寵爲上 辱爲下	총 위 상 욕 위 하	총은 지위가 오르는 것이고 욕은 지위가 내려가는 것이어서
得之若驚 失之若驚	득 지 약 경 실 지 약 경	그것은 얻어도 불안하고 잃어도 불안하다는 말이니
是謂寵辱若驚	시 위 총 욕 약 경	이것이 총욕 때문에 불안하다는 말이다.

성공과 실패는 우리가 늘상 두려워하는 것이다. 노자가 살던 혼돈의
시대에도 인정받아서 지위가 오르고寵, 또는 지위가 떨어지고辱 하는 것
이 늘 걱정거리였던 듯하다. 지금도 돈 많이 벌고 성공하고 지위가 오르
고 하는 것이 세상의 주된 관심사이다.

그러나 얻어도 걱정이다. 언제 또 떨어질지 모르기 때문이다. 최고의 권력도 10년을 못가고 위태하다. 잃었을 때 받을 온갖 지탄과 비난에 더 걱정이다. 또 일반인들은 사업이 안 되면 무얼 먹고 사나? 무얼 입고 사나? 걱정한다. 사람들의 근심거리는 언제나 있다.

예수는 말했다.

"하늘을 나는 새를 보라. 하늘이 먹이지 않느냐? 들에 핀 꽃을 보라.
솔로몬의 그 영광보다도 더 아름답지 아니하냐?"

늘상 생존의 불안에 대해서 그 마음을 내려놓는 연습을 해야 하는데, 다음 구절에 노자의 철학이 있다.

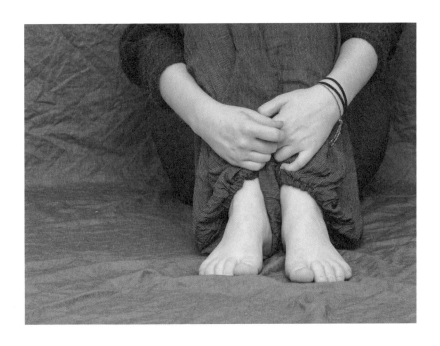

何謂貴大患若身 하 위 귀 대 환 약 신	소중함과 걱정거리가 몸 때문이라는 것은 무엇을 말하는가?
吾所以有大患者 오 소 이 유 대 환 자	나에게 큰 걱정거리가 있는 것은
謂吾有身 위 오 유 신	몸이 있기 때문이니
及吾無身 급 오 무 신	몸이 없다면
吾有何患 오 유 하 환	나에게 어찌 근심이 있으랴!

귀貴히 여김으로 인해서 대환大患이 생긴다. 영전寵이 있음으로써 좌천辱이 있다. 이 두개는 다른 듯이 보이지만 사실은 큰 차이가 없다. 놀람驚, 즉 심리적 불안이나 두려움은 '나'라는 생각에서 나온다. 내가 없으면

행복한 비움

어떤 불안이 있겠는가? 내 몸이 있음으로써 생존에 대한 불안과 미래에 대한 걱정이 있다.

그런 근심 걱정으로부터 자유로워진 영혼은 진정 자유롭다. 노자는 우리가 그러한 삶을 살아가기를 권한다. 성인들은 삶의 부침浮沈을 받아들이고 그 안에서 자유를 찾은 분들이다. 노자의 무위無爲는 바로 그런 삶이다. 귀貴와 대환大患은 하나인 것이다. 소중히 여길 것이 없으면 근심이 없어진다. 세상에서 물러나 흐르는 대로 맡기고 무위無爲의 삶을 살다 간 노자의 가르침이 바로 이 구절이다.

故貴以身爲天下 고 귀 이 신 위 천 하	때문에 몸을 소중히 하듯이 천하를 행하면
若可寄天下 약 가 기 천 하	천하를 맡길만 하고
愛以身爲天下 애 이 신 위 천 하	몸을 사랑하듯이 천하를 행하면
若可托天下 약 가 탁 천 하	천하를 의탁할만 하다.

이 구절은 천하를 다스리는 자들에게 주는 교훈처럼 들린다. 위천하爲天下, 곧 천하를 다스리는 것을 내 몸처럼 소중히貴以身 한다면, 천하를 맡길만 하다는 이야기이다. 내 몸을 사랑하듯이 천하를 다스리면 천하를 의탁할만 하다는 뜻이다.

그러나 노자의 말은 위정자들에게만 해당되는 것이 아니다. 시대를 넘어서 우리 모두에게 주는 말이다. 온 몸을 다해서 세상을 살라는 말이다.

위천하爲天下, 세상을 나아가라.

진실과 정성을 다해서 세상을 살아가라고 촉구하고 있는 것이다.

이 13장은 헌신獻身을 이야기한다. 애이신愛以身이라는 말 속에 바로 헌신의 의미가 들어 있다. 내 몸을 사랑하듯이 온 세상을 사랑하라는 말이다. 진리에 자신의 모든 것을 바치는 자 만이 진정한 자유를 얻을 수 있음을 이야기하는 것이다.

세상 사람들은 큰 걱정거리大患를 안고 살지만 진리와 사랑에 헌신한 이들은 천지가 그에 응답할 것이다. 그것이 14장 도기道紀에 나와 있다.

寵辱若驚 貴大患若身　　　총욕약경　귀대환약신

何爲寵辱若驚 寵爲上 辱爲下　하위총욕약경 총위상 욕위하

得之若驚 失之若驚 是謂寵辱若驚
　　　　　　　　　　　득지약경 실지약경 시위총욕약경

何謂貴大患若身　　　　　하위귀대환약신

吾所以有大患者 謂吾有身　오소이유대환자 위오유신

及吾無身 吾有何患　　　급오무신 오유하환

故貴以身爲天下 若可寄天下　고귀이신위천하 약가기천하

愛以身爲天下 若可托天下　애이신 위천하 약가탁천하

총욕 때문에 불안한 것처럼 몸을 소중히 하거나 걱정한다.
총욕은 무엇을 불안하다는 것인가?
총은 지위가 오르는 것이고
욕은 지위가 내려가는 것이어서
그것은 얻어도 불안하고
잃어도 불안하다는 말이니
이것이 총욕 때문에 불안하다는 말이다.

소중함과 걱정거리가 몸 때문이라는 것은 무엇을 말하는가?
나에게 큰 걱정거리가 있는 것은 몸이 있기 때문이니
몸이 없다면 나에게 어찌 근심이 있으랴!
때문에 몸을 소중히 하듯이 천하를 행하면 천하를 맡길만 하고
몸을 사랑하듯이 천하를 행하면 천하를 의탁할만 하다.

寵 사랑할 총 **辱** 욕될 욕 **驚** 두려워할 경 **患** 근심 환 **何** 어찌 하 **謂** 이를 위 **及** 미칠 급 **吾** 나 오

14 도의 실마리 道紀

도덕경은 죽간竹簡의 형식을 빌려서 아주 함축적으로 쓴 것이기에 이해하기가 매우 어렵다. 그래서 노자의 진심을 알지 못하면 엉뚱한 쪽으로 흘러가기 십상이다.
그래서 노자가 하고자 한 말의 맥락을 제대로 이해하여야만 한다.

노자의 도경 부분은 도의 본질을 먼저 밝히고 그 다음에 도에 들어가는 과정을 이야기하며, 그것을 얻은 사람들의 특징을 설명하고 있다.
여기서는 도 얻음을 이야기하고 있다.

視之不見 名曰夷
시 지 불 견　명 왈 이

보아도 볼 수 없는 것을 이夷라 하고

聽之不聞 名曰希
청 지 불 문　명 왈 희

들어도 들을 수 없는 것을 희希라 하며

搏之不得 名曰微
박 지 부 득　명 왈 미

잡아도 잡을 수 없는 것을 미微라 하니

此三者 不可致詰
차 삼 자　불 가 치 힐

이 3가지는 이치로 따질 수가 없으며

故混而爲一
고 혼 이 위 일

합하여 하나가 된다.

其上不曒 其下不昧
기 상 불 교　기 하 불 매

그 위쪽은 밝지 않고
그 아래는 어둡지 않으며

繩繩不可名 復歸於無物
승 승 불 가 명 복 귀 어 무 물

얽혀서 복잡하여 이름할 수 없으니
무물無物로 다시 돌아간다.

是謂無狀之狀 無物之狀
시 위 무 상 지 상 무 물 지 상

이것을 형상없는 형상이라 하고
실체없는 형상이라 하며

是謂惚恍
시 위 홀 황

홀황惚恍이라 한다.

迎之不見其首
영 지 불 견 기 수

그 머리를 볼 수 없는 것을 맞아들이고

隨之不見其後
수 지 불 견 기 후

꼬리를 볼 수 없는 것을 따르니

執古之道 以御今之有
집 고 지 도 이 어 금 지 유

옛날의 도를 잡고서
이제 있도록 다스려서

能知古始 是謂道紀
능 지 고 시 시 위 도 기

옛 시작을 능히 아니
이를 도의 실마리道紀라 한다.

노자는 12장에서는 오색五色을 이야기하면서 감각과 욕망에 지배되지 않는 삶을 촉구하고, 13장 총욕寵辱에서는 진리와 사랑에의 헌신을 이야기했다. 그래야만 보이지 않던 도가 비로소 보이기 시작한다.

이 장에서는 그런 이夷하고 희希하고 미微한 도의 실체에 대해서 노자가 그것의 실마리를 얻었다고 얘기한다.

여기서 이夷는 크다는 의미이다. 도라는 것이 너무나 커서 보아도 볼 수 없는 것이다. 희미稀微하다는 단어는 노자의 여기에서 기원한 것이 아닌가 생각이 든다. 도란 희미해서 보기가 어렵고 너무나 커서 볼래야 볼 수 없지만, 그것을 보려는 마음을 내려놓고 진리를 찾아가는 노자 같은 이들에게는 그 꼬리가 잡히게 마련이다.그런데 도道란 잡으려해서 잡히

는 것이 아니다. 도는 저절로 오기에 그저 맞아들이면 된다. 하늘은 준비된 이들에게만 도를 보여준다. 도를 잡으려고 쫓아가는 자들은 절대로 잡을 수 없다. 모든 부정적인 것을 제거하고 어둠을 제거하면 밝음은 저절로 드러나게 된다.

도道란 무엇인가?

궁극의 진리, 실상Reality을 말하는 것이다. 많은 사람들이 추구하지만 말할 수는 있어도 전해줄 수는 없고 세상 모두에게 주고 싶지만 받을 만한 사람이 없다.

그나마 중국의 춘추전국시대, 혼란의 시대에 노자가 자신의 깊은 사상과 실상의 세계를 적어 놓은 것이 있어서 사람들이 도道 세계의 그림자를 배우는데 많은 도움이 되고 있다.

이 14장은 노자의 깨달음이 암시되는 장이다. 글은 비록 난해하지만 자신이 볼 수도, 잡을 수도 없는 도의 실마리를 찾았음을 나타낸 장이다.

누가 도의 시작을 알겠는가.

누가 도의 기원을 알겠는가.

오직 그곳에 가본 사람만이 알 수 있으니 노자는 그것을 보고서 도의 실마리라 하였다. 그것을 노자가 81장의 글로 세상에 밝혀 놓았지만 볼 사람은 거의 없다. 보아도 이해하지 못하고 들어도 이해되지 않으니, 노자의 글에서 문득문득 드러나듯 오직 볼 사람만 보리라.

視之不見 名曰夷 聽之不聞 名曰希

시지불견 명왈이 청지불문 명왈희

搏之不得 名曰微

박지부득 명왈미

此三者 不可致詰 故混而爲一 차삼자 불가치힐 고혼이위일

其上不曒 其下不昧 繩繩不可名 기상불교 기하불매 승승불가명

復歸於無物 是謂無狀之狀 복귀어무물 시위무상지상

無物之狀 是謂惚恍 무물지상 시위홀황

迎之不見其首 隨之不見其後 영지불견기수 수지불견기후

執古之道 以御今之有 집고지도 이어금지유

能知古始 是謂道紀 능지고시 시위도기

보아도 볼 수 없는 것을 이夷라 하고 들어도 들을 수 없는 것을 희希라 하
며 잡아도 잡을 수 없는 것을 미微라 하니 이 3가지는 이치로 따질 수가 없
으며 합하여 하나가 된다.

그 위쪽은 밝지 않고 그 아래는 어둡지 않으며
얽혀서 복잡하여 이름할 수 없으니 무물無物로 다시 돌아간다.
이것을 형상없는 형상이라 하고 실체없는 형상이라 하며 홀황惚恍이라 한다.

그 머리를 볼 수 없는 것을 맞아들이고 꼬리를 볼 수 없는 것을 따르니 옛
날의 도를 잡고서 이제 있도록 다스려서 옛 시작을 능히 아니 이를 도의 실
마리道紀라 한다.

夷 클 이 希 드물 희 搏 잡을 박 詰 물을 힐 混 섞일 혼 曒 밝을 교 昧 어둘 매 繩 얽힐 승
狀 형상 상 執 잡을 집 御 다스릴 어 紀 실마리 기

제3부

신비주의자

가톨릭에서는 신을 직접 체험한 사람을 신비주의자mystics라고 한다.

신을 본다는 것이 가능할까?

신을 체험하는 것이 가능할까?

15 깨달은 자保道者

14장에서 도의 실마리를 얻었으니 여기서는 도를 지닌 자保道者에 대해서 설명한다. 5천자의 〈도덕경〉을 통하여 노자는 체계적으로 도와 도를 얻는 방법, 그리고 그 도를 얻은 사람을 설명하고 있다. 물론 그 설명이 너무나 추상적이기에 알아듣기가 쉽지는 않다.

뒤로 갈수록 상세한 이야기들과 특징들에 대해서 나온다.

그의 글 한자 한자가 깊은 의미를 지니고 있지만 그의 깊은 마음을 아무도 본 이가 없으니 그저 각자의 수준에 따라서 해석할 뿐이다.

古之善爲士者 고 지 선 위 사 자	옛적 도를 얻은 사람은
微妙玄通 미 묘 현 통	미묘현통하여
深不可識 심 불 가 식	그 깊이를 알 수 없도다.
夫唯不可識 부 유 불 가 식	비록 그 깊이를 알 수 없으나
故强爲之容 고 강 위 지 용	억지로 형용하여 보리라.

도를 깨달은 이를 보고 도가 깊다는 말을 하니 그것은 노자 자신의 상태이다. 도의 실마리를 잡고서 이제 잡은 그 도를 지닌 자신의 상태를 설명한다.

도는 깨닫기도 어렵지만 말로 전하는 것은 더욱 어렵다. 그래서 부처는 미소로서 꽃 한송이를 제자에게 전했다. 도가 쉬웠다면 이 세상에 있는 모든 이들이 구원을 받고 깨달음을 얻어서 무한한 평화를 얻었겠지만 진정한 마음의 평화를 얻은 이들은 찾아보기 힘든 것이 현실이다.

도를 얻은 이들의 상태를 묘사하는 노자의 말을 들어보자.

豫焉若冬涉川 예 언 약 동 섭 천	겨울에 강을 건너듯 조심스럽고
猶兮若畏四隣 유 혜 약 외 사 린	이웃을 대하듯이 어려워하며
儼兮其若容 엄 혜 기 약 용	너그러워서 겸손하고
渙兮若氷之將釋 환 혜 약 빙 지 장 석	녹으려는 얼음처럼 유연하여
敦兮其若樸 돈 혜 기 약 박	통나무처럼 소박하며
曠兮其若谷 광 혜 기 약 곡	계곡처럼 관대하고
混兮其若濁 혼 혜 기 약 탁	탁한 듯이 잘 화합한다.

깨달음을 얻으면 세상에 우뚝 서고 세상에서 인정을 받고 거룩한 스승이 되어 유명해지리라고 착각을 한다. 그러나 깨달음을 얻은 이들은 있는 듯, 없는 듯 겸손하고 관대하며 세상 가운데 섞여 있는 듯하여 오히려 구분하기기 쉽지 않다고 노자는 설명한다.

이것이 노자 자신의 모습이리라. 소박하고 겸손하며 조심스럽고 어려워하며 관대하고 세상에 있는 듯 없는 듯한 모습이 보통의 똑똑한 사람들 사이에서는 어리숙하고 마음씨 좋은 사람이고 순한 사람처럼 느껴질 것이다. 이러한 모습이 깨달음을 이룬 성인의 모습이다.

오히려 투박해서 경박해 보이기도 하고 가볍고 연약해 보이기까지 하니 세상이 어찌 알아보리오! 그러나 하늘은 알아볼 것이며 그가 남긴 자취는 하늘에서 그 흔적을 거두어 세상 가운데서 사용되도록 할 것이니, 그것은 인연에 따라서 그리 될 일이다. 다만 노자의 가르침이 2500년을 넘어서 지금까지 전해지니 그의 깨달음의 향기가 만세를 이어지는 것이다.

孰能濁以靜之徐清	누가 탁한 것을 점점 고요히 하여
숙 능 탁 이 정 지 서 청	맑아지게 할 수 있을까?
孰能安以久動之徐生	누가 가만히 있는 것을 움직여
숙 능 안 이 구 동 지 서 생	점점 움직이게 할 수 있을까?
保此道者 不欲盈	도를 지닌 사람은 채워지기를 원하지
보 차 도 자 불 욕 영	않으며
夫唯不盈	무릇 채워질 것이 없기에
부 유 불 영	
故能蔽不新成	능히 이루었고 새롭게 할 것이 없다.
고 능 폐 불 신 성	

깨달음을 이루어서 이미 온 세상의 모든 카르마를 해소하고 세상에 있지만 세상을 초월한 사람은 탁한 듯이 보이지만 그는 탁함과 깨끗함을 이미 초월하였으니 그를 누가 어찌 할 수 있으랴? 이미 모든 세상적 욕망과 할일을 마치고 고요히 안정되어 있는 이를 어찌 움직일 수 있으랴?

　노자는 자신의 상태를 묘사하고 있다. 도를 지닌 이는 더 이상 채울 것
도, 새롭게 이룰 것도 없다. 때문에 모든 것을 폐蔽하여 덮어버린다. 이런
단계에 도달한 이들은 세상에 나와서 세상을 변혁시키거나 세상에 불을
놓아서 세상을 좋은 곳으로 바꾸려는 생각을 비운다. 그들은 이 세상의
본질을 알기 때문이다.

　예수는 유대인에 의해서 십자가에 못박혀 죽었다. 이제 세상에 다시
예수가 온다면 기독교인들에 의해서 박해를 받을 것이다. 예수는 사람들

이 그들 마음 속에 천국을 이루기를 원했지만 사람들은 이 땅에서 자신만의 천국을 이루기를 원한다. 예수의 가르침을 제대로 이해하는 사람이 극히 드물다.

이 세상의 모든 카르마를 넘어선 성인聖人은 존재함 그 자체로서 세상에 가르침을 준다. 교불언지교教不言之教, 말하지 않고 가르친다. 그래서 노자는 모든 것을 덮고蔽 마지막 5천자를 세상에 남겨놓고 등선登仙하였다는 이야기가 내려온다.

경허스님은 깨달음을 성취한 뒤, 말년에 세상을 뒤에 놔두고 삼수갑산의 깊은 마을로 들어가 훈장 노릇하다가 삶을 마감하였다. 시대가 시대인지라 자신의 가르침을 펼 수 없었기에 모든 것을 덮고 그곳에서 생을 마친 것이다.

경허스님의 맏제자인 수월스님도 깨달음을 얻고서 핍박받는 조선 민족을 위해서 만주로 간 뒤, 그곳으로 오는 중생들에게 주먹밥을 나누어주다가 조용히 등선登仙하였다.

古之善爲士者微妙玄通 深不可識

고지선위사자 미묘현통 심불가식

夫唯不可識 故强爲之容 부유불가식 고강위지용

豫焉若冬涉川 猶兮若畏四隣 예언약동섭천 유혜약외사린

儼兮其若容 渙兮若氷之將釋 엄혜기약용 환혜약빙지장석

敦兮其若樸 曠兮其若谷 混兮其若濁
돈혜기약박 광혜기약곡 혼혜기약탁

孰能濁以靜之徐清　　　　　숙능탁이정지서청

孰能安以久動之徐生　　　　숙능안이구동지서생

保此道者 不欲盈　　　　　보차도자 불욕영

夫唯不盈 故能蔽不新成　　부유불영 고능폐불신성

옛적 도를 얻은 사람은 미묘현통하여 그 깊이를 알 수 없도다.
비록 그 깊이를 알 수 없으나 억지로 형용하여 보리라.

겨울에 강을 건너듯 조심스럽고 이웃을 대하듯이 어려워하며
너그러워서 겸손하고 녹으려는 얼음처럼 유연하여
통나무처럼 소박하며 계곡처럼 관대하고 탁한 듯이 잘 화합한다.

누가 탁한 것을 점점 고요히 하여 맑아지게 할 수 있을까?
누가 가만히 있는 것을 움직여 점점 움직이게 할 수 있을까?
도를 지닌 사람은 채워지기를 원하지 않으며
무릇 채워질 것이 없기에 능히 이루었고 새롭게 할 것이 없다.

士 선비 사 深 깊을 심 識 알 식 强 강제 강 容 형용할 용 豫 머뭇거릴 예 焉 어조사 언
涉 건널 섭 川 내 천 畏 두려할 외 隣 이웃 린 儼 의젓할 엄 渙 흩어질 환 氷 얼음 빙
釋 풀릴 석 敦 도타울 돈 樸 통나무 박 曠 넓을 광 混 섞일 혼 濁 흐릴 탁 孰 누구 숙
靜 고요할 정 徐 천천히 서 清 맑을 청 安 편안할 안 蔽 덮을 폐

16 위험하지 않음이여 不殆

세상을 살아간다는 것이 얼마나 위험한 일인가? 매일매일이 생존 경쟁의 연속이요. 세상에서 뒤쳐지지 않기 위해서 우리는 쉴틈없이 일을 하여야 한다. 그런 것들로부터 자유로워지는 길은 없을까?
도를 성취한 사람은 그런 위험으로부터 자유롭다고 한다.
그러면 도를 성취한 사람은 어떨까? 노자의 글을 보자.

致虛極 치 허 극	비움虛에 도달함이 극에 이르고
守靜篤 수 정 독	고요靜를 지킴이 순일해져서
萬物竝作 만 물 병 작	만물이 어울려 생겨날 때
吾以觀復 오 이 관 복	그 되돌아감을 내가 보니
夫物芸芸 부 물 운 운	무릇 만물이 무성하게 자라나나
各復歸其根 각 복 귀 기 근	각각은 그 뿌리로 다시 돌아감이라.

이 글에서 주어는 노자 자신이다.

여기 16장에서는 도에 이르는 과정과 결과를 설명한다.

노자는 비움虛이 극에 이르고 고요함靜이 순일해져서 만물의 근원을 보게됨을 설명한다. 만물이 자라서 다시 그 근원으로 오게 되니 그것을 복復이라 설명하며 자신이 그 근원으로 돌아옴을 이야기한다.

歸根曰靜 귀 근 왈 정	그 뿌리로 돌아감을 고요함靜이라 하니
是謂復命 시 위 복 명	이것이 명命으로 돌아감이고
復命曰常 복 명 왈 상	명命으로 돌아감을 상常이라 하니
知常曰明 지 상 왈 명	상常을 앎을 명明이라 하네.

지극히 고요해져서 마음이 쉬고 감정이 사라질 때 우리는 그 고요함 가운데 명命으로 돌아간다. 명命이란 우리의 본성이라 할 수 있다. 본성을 보게 되어 우리의 참된 모습을 이룸을 상常이라 하고 그 상常을 앎을 명明이라 한다. 이 밝음明은 노자가 이룬 깨달음의 다른 말이다.

이 도경道經(도덕경 1장~37장)의 마지막 2번째 장에 미명微明이라는 말이 있는데 앎을 이룬 상태가 도를 이룬 것이며 이런 상태에 이르면 더 이상 죽음과 삶이 두렵지 않고 이 세상을 완전한 평화와 자유 가운데서 걸을 것이다.

여기서 명明은 무엇을 아는 상태가 아니다. 그저 그 상태에 있음이다. 그 존재의 상태에 있어서 주체와 객체가 하나되고 앎과 앎의 대상과 그 작용이 하나되는 상태가 바로 명明, 밝음 그 자체인 것이다.

不知常 부 지 상	상常을 알지 못하면
妄作凶 망 작 흉	망령되이 흉함을 지어내니
知常容 지 상 용	상常을 알면 포용하게 되어서
容乃公 용 내 공	포용은 공평함에 이르고
公乃王 공 내 왕	공평함은 왕도에 이르며
王乃天 왕 내 천	왕도는 천도에 닿아서
天乃道 천 내 도	천도가 도에 닿음이라.
道乃久 도 내 구	이 도는 영원하여서
沒身不殆 몰 신 불 태	죽는 날까지 두려움이 없어라.

우리의 참 모습을 알지 못하면 결국에는 망령된 것에 빠지게 된다. 우리의 참된 본성을 알게 되면 모든 것을 포용하고 공평무사하게 되어서 왕도와 천도를 이해하고 궁극의 도에 이르게 되며 우리가 바로 그 영원함과 하나가 되니 죽는 날까지 두려움이 없다.

무한한 평화와 궁극의 실상을 성취한 존재는 삶과 죽음을 초월한다. 영원을 넘어서 시간조차 없는 그 세계와 하나 되는 것이 가르침을 배우는 제자들의 마지막 목표일 것이다.

헝가리의 부다페스트에 있는 철학의 정원에는 예수, 부처, 노자, 아브라함이 중심을 보고 있는 조각상이 있다. 이런 위대한 인물들은 우리에게 인간 존재의 본질에 대한 해답을 주었다. 위대한 성인들의 가르침의 핵심은 '나는 무엇인가?'에 대한 것이다. 이 책에서 노자는 그에 대한 해답을 제시하고 있다. 그 해답은 독자들 스스로 고민해서 자신의 것으로 만들어야 할 것이며, 이는 결국 우리가 일생에 걸쳐서 해결할 유일한 문제인 것이다.

致虛極 守靜篤 萬物竝作 치허극 수정독 만물병작

吾以觀復 夫物芸芸 各復歸其根 오이관복 부물운운 각복귀기근

歸根曰靜 是謂復命 귀근왈정 시위복명

復命曰常 知常曰明 복명왈상 지상왈명

不知常 妄作凶 부지상 망작흉

知常容 容乃公 지상용 용내공

公乃王 王乃天 天乃道 공내왕 왕내천 천내도

道乃久 沒身不殆 도내구 몰신불태

비움虛에 도달함이 극에 이르고 고요靜를 지킴이 순일해져서
만물이 어울려 생겨날 때 그 되돌아감을 내가 보니
무릇 만물이 무성하게 자라나나 각각은 그 뿌리로 다시 돌아감이라.

그 뿌리로 돌아감을 고요함靜이라 하니 이것이 명命으로 돌아감이고
명命으로 돌아감을 상常이라 하니 상常을 앎을 명明이라 하네.

상常을 알지 못하면 망령되이 흉함을 지어내니
상常을 알면 포용하게 되어서 포용은 공평함에 이르고
공평함은 왕도에 이르며 왕도는 천도에 닿아서 천도가 도에 닿음이라.
이 도는 영원하여서 죽는 날까지 두려움이 없어라.

虛 빌 허 **極** 다할 극 **篤** 도타울 독 **竝** 나란히 병 **作** 지을 작 **芸** 촘촘할 운
根 뿌리 근 **妄** 망령될 망 **凶** 흉할 흉 **乃** 이에 내 **沒** 죽을 몰 **殆** 위험할 태

행복한 비움

17 최고의 지도자 太上

이 장은 지도자들의 덕목 이야기로 잠시 노자의 깊은 가르침을 쉬었다 가는
곳이다.
어떤 조직에서든 최고의 지도자는 각자가 스스로의 역량을 발휘하도록 하는
사람이다. 노자는 어떻게 이야기하는지 보자.

太上不知有之 태 상 부 지 유 지	최고의 지도자는 있는지 없는지 알지 못하고
其次親而譽之 기 차 친 이 예 지	그 다음은 백성들과 가까워서 칭찬을 받음이라.
其次畏之 기 차 외 지	그 다음은 백성들이 두려워하는 지도자이고
其次侮之 기 차 모 지	마지막은 백성들로부터 욕을 먹음이라.

조직에서는 사사건건 밑에 있는 사람들에게 일을 점검하여 보고하라
하고 간섭하는 것이 상사의 일이라고 생각한다. 어떤 때는 그런 것이 필
요하겠지만 최고의 상사는 최선의 역량을 발휘하도록 옆에서 도와주는
상사이다.

마찬가지로 최고의 지도자는 백성들이 있는지 없는지조차 모르는 지
도자라고 이야기한다. 백성들이 두려워하는 지도자, 백성들로부터 욕을

먹는 지도자가 없기를 소망해보지만 올바른 지도자 만나기가 쉽지 않으니 백성들의 업業이 많음인가.

信不足焉 신 불 족 언	지도자가 믿음이 부족하면
有不信焉 유 불 신 언	불신이 따르게 되니
悠兮其貴言 유 혜 기 귀 언	지도자는 그 말을 삼가한다.
功成事遂 공 성 사 수	나라일이 잘 이루어지면
百姓皆謂我自然 백 성 개 위 아 자 연	내가 그렇게 하였다고 백성들 모두 말한다.

　　노자의 글은 일반인을 위한 글이 아니다. 최고의 지도자들이나 식자층을 겨냥한 것이니, 그 지극한 도가 현실에서 이루어지기를 조금이라도 바랬을 것이다. 그래서 지도자의 덕목을 이야기한다. 자신의 존재를 드

러내지 않고 공치사 하지 않는 지도자가 진정한 지도자이다.

　많은 지도자들이 매스컴을 통해서 여론을 호도하며 백성을 속이고 있다. 독재국가의 통치가 그렇듯이 우리나라도 제대로 된 지도자가 거의 없었다고 할 수 있다. 좋은 지도자가 나와서 백성과 가까워지고 백성들이 스스로 일을 이뤘다 할 정도로 선정을 펴면 더 이상 바랄 것이 없으리라.

太上不知有之 其次親而譽之　　태상부지유지 기차친이예지
其次畏之 其次侮之　　　　　　기차외지 기차모지

信不足焉 有不信焉 悠兮其貴言　신불족언 유불신언 유혜기귀언
功成事遂 百姓皆謂我自然　　　　공성사수 백성개위아자연

　최고의 지도자는 있는지 없는지 알지 못하고
　그 다음은 백성들과 가까워서 칭찬을 받음이라.
　그 다음은 백성들이 두려워하는 지도자이고
　마지막은 백성들로부터 욕을 먹음이라.

　지도자가 믿음이 부족하면 불신이 따르게 되니
　지도자는 그 말을 삼가한다.
　나라일이 잘 이루어지면
　내가 그렇게 하였다고 백성들 모두 말한다.

太 클 태 **次** 다음 차 **親** 친할 친 **譽** 칭찬할 예 **畏** 두려워할 외
侮 업신여길 모 **悠** 멀 유 **姓** 성씨 성 **遂** 이룰 수 **我** 나 아 **然** 그럴 연

18

도가 없어지면 道廢

이 장은 17장과 마찬가지로 현실로 돌아와서 도와 인의 등을 설명한다.

大道廢 有仁義 대 도 폐 유 인 의	대도가 폐하면 인의가 나타나고
慧智出有大僞 혜 지 출 유 대 위	지혜가 나간 곳에는 큰 허위가 있으며
六親不和有孝慈 육 친 불 화 유 효 자	육친이 불화하면 효와 자애가 있고
國家昏亂有忠臣 국 가 혼 란 유 충 신	나라가 어지러우면 충신이 있다

　도란 것은 지극한 것이다. 그 지극한 진리는 추구하는 자도 드물고 무엇인지조차 모른다. 도를 얻을 수 있다며 헛된 수련과 망령된 가르침들이 나타나서 세상에 횡행한다. 종교는 타락하여 거짓 종교들이 넘쳐나고 지혜는 사라지고 거짓이 판을 친다. 가족간에 불화하여 효자가 나오면 칭찬하는 역설이 벌어진다.

　충신이 생겨남은 나라가 어지러운 것이니 충신이 없는 것이 진정 좋은 국가일 수 있다. 백성들 모두가 나라가 있는지조차 모르고 산다면 그곳이 바로 지상낙원일 것이다.

노자는 이 세상에 도가 이루어질 것을 기대하지 않는 듯하다. 도가 폐한 곳에 인의仁義라도 들어서면 노자는 만족하였을까?

지금 이 시대에 지도자다운 지도자가 나옴은 나라가 혼란스러움이요, 거짓이 횡행함이며 세상이 어지러운 것이니 이 세상의 근본 목적이 만인의 행복이라면 여기 이 지구는 너무나 황량한 곳이다.

온갖 불의와 허위, 그리고 죽음과 허무가 가득한 이 땅에서 도를 이루려는 사람들이 소수라도 있으면 노자는 그들에게 깊은 가르침을 더 얘기했을 터이지만 도를 배우고자 하는 이들이 적으니 인의와 효孝를 얘기하고 정치를 얘기하는 것이다.

이 땅에 대도大道가 아직도 살아 있어서 모든 이들이 그 큰 도를 이루기를 노자는 저 하늘에서 손꼽아 바라보고 있으리라. 하지만 여기 이 땅의 수많은 존재들은 과연 무엇을 찾고 있나? 우리는 그저 출세욕과 명예욕 등으로 귀중한 삶을 보내고 있는 것은 아닌지!

이 부분은 공자와 연계하여서 생각할 수 있다. 공자는 주유천하하면서 세상을 바로잡고 백성들에게 더 좋은 것을 주려고 인의仁義를 중심으로 사상을 펼쳤다.

그러나 노자는 인의는 대도가 폐한 후에 나타난다고 설명하고 있다. 인간의 본질에 대한 근본적인 가르침을 잊어버리면 세상을 사랑이나 정으로 다스리는 것은 불가능하기에 노자는 늘 도를 강조하고 있다.

大道廢 有仁義 慧智出有大僞 대도폐 유인의 혜지출유대위
六親不和 有孝慈 國家昏亂 有忠臣

육친불화유효자 국가혼란 유충신

대도가 폐하면 인의가 나타나고 지혜가 나간 곳에는 큰 허위가 있으며
육친이 불화하면 효와 자애가 있고 나라가 어지러우면 충신이 있다.

廢 폐할 폐 仁 어질 인 義 옳을 의 慧 지혜 혜 智 지혜 지 僞 거짓 위 孝 효도할 효
慈 사랑할 자 國 나라 국 家 집 가 昏 혼란스럴 혼 亂 어지러울 난

19 사사로움이 없으니 少私

노자는 여기서도 지도자들에게 권고한다.
지도자들이 이런 교훈을 통해서 도에 가까이 오기를 바라고 있다.

絕聖棄智 民利百倍	성스러움을 끊고 지혜를 버리면
절 성 기 지 민 리 백 배	백성의 이로움이 백배나 되고
絕仁棄義 民復孝慈	인을 끊고 의를 버리면
절 인 기 의 민 복 효 자	백성의 효성과 자애가 회복될 것이며
絕巧棄利 盜賊無有	교를 끊고 이익을 버리면 도적이 있지 않으니
절 교 기 리 도 적 무 유	
此三者以 爲文不足	이 세가지는 법도로 하기에는 부족하다.
차 삼 자 이 위 문 불 족	

여기서 3가지는 성지聖智와 인의仁義와 교리巧利이다.

성인의 가르침과 지혜, 인의仁義와 교리巧利는 세상을 지탱하는 것들이지만 노자는 이런 것들 마저도 법도로 세우기에는 부족하다고 말한다. 이런 것들 보다 한 단계 더 높은 것을 노자는 요구한다.

故令有所屬
고 령 유 소 속

그러므로 뭔가를 덧붙이니

見素抱樸少私寡欲
견 소 포 박 소 사 과 욕

마음을 깨끗이하고 순박하게 살며
이기심을 버리고 욕심을 버려야 한다.

올바르게 살라고 인과 의를 가르친다. 종교에는 깨달은 이들의 가르침이 많지만 그런 것들이 오히려 방해가 된다고 노자는 이야기한다.

가르침은 가르침일 뿐, 진리 그 자체는 아니다. 가르치는 자들이 각색하고 덧붙여 놨으니 본래의 의미에서 한참이나 멀다.

그래서 서양에서는 종교가 쇠퇴하고 오히려 자신의 마음을 바라보는 명상이 인기를 얻어가고 있는지도 모른다. 기술이 발달하고 살기가 편해지면 이를 이용해서 세상은 도둑이 먼저 날뛴다.

최첨단의 IT기술을 이용한 사기꾼들이 설쳐대고 인터넷과 결합한 다단계가 활개를 친다. 이러한 것들은 사람을 편하게 하는 것이 아니라 삶을 더욱 거추장스럽게 하고 인터넷의 노예가 되도록 만든다.

노자는 이런 것에서 벗어나 소박함으로 돌아오고 사욕을 버리라고 말한다. 인간의 삶이 힘든 것은 어려운 환경이 아니라 집착 때문이다. 욕심이 없으면 괴로울 일도 없다. 잘 살려는 야망이 없어서 그저 물 흐르는 대로 산다면 삶이 자유로워질 것이다.

번뇌는 욕심에서 온다. 욕심을 버리고 소박하게 사는 삶, 노자는 그것을 말하고 있다. 우리가 진정 도에 이르려면 세상에서 성공하고 무언가를 성취하려는 삶을 버려야 한다고 말한다.

끝없이 욕망을 자극하는 매스컴과 매스미디어를 대하면서 우리는 욕심을 키운다. 욕심에 사로잡혀 스스로 만든 감옥에 빠진 채, 고통스러운 삶을 살아가는 것을 노자는 경계한다.

絶聖棄智 民利百倍　　절성기지 민리백배

絶仁棄義 民復孝慈　　절인기의 민복효자

絶巧棄利 盜賊無有　　절교기리 도적무유

此三者以 爲文不足　　차삼자이 위문불족

故令有所屬 見素抱樸　고령유소속 견소포박

少私寡欲　　　　　　소사과욕

성스러움을 끊고 지혜를 버리면 백성의 이로움이 백배나 되고
인을 끊고 의를 버리면 백성의 효성과 자애가 회복될 것이며
교를 끊고 이익을 버리면 도적이 있지 않으니
이 세가지는 법도로 하기에는 부족하다.
그러므로 뭔가를 덧붙이니 마음을 깨끗이하고 순박하게 살며
이기심을 버리고 욕심을 버려야한다.

太 클 태 **次** 다음 차 **親** 친할 친 **譽** 칭찬할 예 **畏** 두려할 외 **侮** 업신여길 모
悠 멀 유 **姓** 성씨 성 **遂** 이룰 수 **我** 나 아 **然** 그럴 연

대지의 어머니 食母

20

노자는 18, 19장에서는 세상의 지도자들에게 도道가 전해지기를 포기하고
인의와 정치를 말하다가 여기 20장에서는 스스로를 한탄한다.

絶學無憂 절 학 무 우	학문을 끊을 수만 있다면 걱정이 없을 텐데
唯之與阿 相去幾何 유 지 여 아 상 거 기 하	'예'와 '응'의 구별이나 하고 선善과 악惡의 거리나 재고 있도다.
善之與惡 相去若何 선 지 여 오 상 거 약 하	예禮와 비례非禮, 선善과 악惡의 구별은
人之所畏 不可不畏 인 지 소 외 불 가 불 외	사람이 두려워하는 바이니 나 역시 어찌 두렵지 않겠는가?
荒兮其未央哉 황 혜 기 미 앙 재	세상을 바라보니 나는 어찌할 바를 모르겠구나.
衆人熙熙 如享太牢 중 인 희 희 여 향 태 뢰	사람들은 희희덕거리며 맛있는 요리를 먹고
如春登臺 我獨泊兮 여 춘 등 대 아 독 박 혜	즐거이 망루에 오르는데 나 홀로 떠도는 구나.

행복한 비움

其未兆 如嬰兒之未孩
기 미 조 여 영 아 지 미 혜

僂僂兮 若無所歸
루 루 혜 약 무 소 귀

衆人皆有餘 我獨若遺
중 인 개 유 여 아 독 약 유

我愚人之心也哉 沌沌兮
아 우 인 지 심 야 재 돈 돈 혜

俗人昭昭 我獨昏昏
속 인 소 소 아 독 혼 혼

俗人察察 我獨悶悶
속 인 찰 찰 아 독 민 민

澹兮其若海 兮若無止
담 혜 기 약 해 혜 약 무 지

衆人皆有以而我獨頑似鄙
중 인 개 유 이 이 아 독 완 사 비

我獨異於人而貴食母
아 독 이 어 인 이 귀 사 모

나는 홀로 버려져 어찌할 바를 몰라하는
갓난아이와 같도다.
고달프고 지쳤건만 돌아갈 곳도 없어라.

사람들은 모두 여유가 있건마는
나는 모든 것을 잃었도다.
나는 어리석은 사람이어서 그 마음이
어둡고 어둡도다.
세상 사람들 모두 밝고 명랑한데
나만 홀로 어둡고 아둔하구나.
사람들은 똑똑한데 나 홀로 어두워서

바다처럼 일렁이고 바람처럼 흔들리네.

사람들은 모두 살아가는 까닭을 지니고
있지만 나는 홀로 무디고 비루하네.
왜 그럴까?
세상 사람들과는 달리 나는 홀로 천지의
어머니食母를 소중히 여기기 때문이다.

여기서 식食은 먹이고 기른다는 의미이며 사라고 읽는다. 사모食母는
우리를 기르고 먹이는 어머니, 즉 대지의 어머니를 나타내는 말이다.

여기서 이 글을 풀어보자.

세상 사람들은 즐겁고 신나게 사는데, 노자 자신은 홀로 외톨이이고
재미없게 산다고 스스로를 한탄하고 있다.

세상에는 맛난것 먹으며 재미있고 유익한 일 하면서 사는 사람들이 많

은데 노자는 홀로 고달프고 지쳐 있다.

모두들 자신의 뜻을 펼치고 업적을 이루며 주변에서 인정받고 성공을 추구하는데 나 홀로 쓸데 없는 학문으로 오히려 어둡고 어두워 파도가 일렁이는 바다처럼 고뇌하고 있다.

세상은 삶의 의미를 아는 듯하지만 나 홀로 이 세상에서 삶의 의미조차 모르고 있다. 오직 나를 먹이시는 우주의 어머니로 인하여 존재의 의미가 있을 뿐이다.

이 글은 노자가 스스로를 한탄하는 글이지만 사실은 정반대의 의미를 지닌다. 노자 홀로 깨어있고 도에 가까우며 노자 홀로 삶의 진정한 의미를 알고 있는 것이다. 세상의 길은 재미있고 신나지만 도의 길은 그 반대

행복한 비움

로 어찌할 바 모르는 어둠이다.

그 무지無知의 현빈玄牝을 찾는 노자는 시대의 유일한 등불이다.

춘추전국시대, 죽음과 배반과 궁핍의 시대, 희망 없음과 황폐한 그 시대에 노자는 진정한 빛이 무엇인지를 깨달은 유일한 사람이었던 것이다.

絶學無憂 唯之與阿 相去幾何　　절학무우 유지여아 상거기하
善之與惡 相去若何 人之所畏　　선지여오 상거약하 인지소외
不可不畏 荒兮其未央哉　　　　불가불외 황혜기미앙재

眾人熙熙 如享太牢　　　　　중인희희 여향태뢰
如春登臺 我獨泊兮　　　　　여춘등대 아독박혜
其未兆 如嬰兒之未孩　　　　기미조 여영아지미해
儽儽兮 若無所歸　　　　　　루루혜 약무소귀
眾人皆有餘 而我獨若遺　　　중인개유여 이아독약유
我愚人之心也哉 沌沌兮　　　아우인지심야재 돈돈혜

俗人昭昭 我獨昏昏　　　　　속인소소 아독혼혼
俗人察察 我獨悶悶　　　　　속인찰찰 아독민민
澹兮其若海 飂兮若無止　　　담혜기약해 요혜약무지

眾人皆有以 而我獨頑似鄙　　중인개유이 이아독완사비

我獨異於人 而貴食母　　아독이어인 이귀사모

학문을 끊을 수만 있다면 걱정이 없을텐데
'예'와 '응'의 구별이나 하고 선善과 악惡의 거리나 재고 있도다.
예禮와 비례非禮, 선善과 악惡의 구별은 사람이 두려워하는 바이니
나 역시 어찌 두렵지 않겠는가?

세상을 바라보니 나는 어찌할 바를 모르겠구나.
사람들은 희희덕거리며 맛있는 요리를 먹고
즐거이 망루에 오르는데 나 홀로 떠도는구나.
나는 홀로 버려져 어찌할 바를 몰라하는 갓난아이와 같도다.
고달프고 지쳤건만 돌아갈 곳도 없어라.
사람들은 모두 여유가 있건마는 나는 모든 것을 잃었도다.
나는 어리석은 사람이어서 그 마음이 어둡고 어둡도다.

세상 사람들 모두 밝고 명랑한데 나만 홀로 어둡고 아둔하구나.
사람들은 똑똑한데 나 홀로 어두워서
바다처럼 일렁이고 바람처럼 흔들리네.
사람들은 모두 살아가는 까닭을 지니고 있지만
나는 홀로 무디고 비루하네.
왜 그럴까?
세상 사람들과는 달리 나는 홀로 대지의 어머니食母를 소중히 여기기 때문이다.

絕 끊을 절 憂 근심 우 幾 얼마 기 何 무엇 하 若 같을 약 畏 두려워할 외 荒 황폐할 황
享 누릴 향 牢 소양돼지 뢰 臺 대 대 泊 머무를 박 兆 비롯할 조 遺 버릴 유
愚 어리석을 우 沌 어리석을 돈 昭 밝을 소 昏 어두울 혼 察 살필 찰 悶 답답할 민
澹 쓸쓸할 담 飂 바람 소리 료 頑 미련할 완 似 닮을 사 鄙 비루할 비

21

황홀의 경지 恍惚

여기서는 세상 사람들이 잘 모르는 도의 세계에 대해서 언급하고 있다.
노자는 '에고'의 눈으로 보며 살아가는 세계와는 다른 궁극의 세계를 묘사
하면서 세상 사람들이 어리석음을 알아차리기를 기대하고 있다.
얼마나 많은 사람들이 궁극의 세계가 있다는 것을 알고 있을까?

노자는 회의적이면서도 도의 세계에 대해서 묘사한다.

그러나 도는 도대체 묘사가 가능하지 않다. 도를 직접 본 노자는 그것
을 어떻게 표현하는지 보자. 그 글자 안에 노자가 본 도가 있지만 누가
그것을 알아챌 수 있을까?

孔德之容唯道是從
공 덕 지 용 유 도 시 종

큰 덕의 모습은 오로지 도를 따라서 나오는데

道之爲物惟恍惟惚
도 지 위 물 유 황 유 홀

도라고 하는 것은 그저 황하고 홀할 뿐이다.

도는 우주의 넓음을 설명하는 현대물리학의 세계를 안다고 아는 것이
아니다. 우주는 138억년 전에 빅뱅Bigbang에 의해서 생겨났다고 하지만
지금은 그 이론이 틀렸다고 한다. 팽창Inflation 이론이 더 설득력이 있고
다중우주Multiverse 이론이 나오면서 우리가 아는 우주 이외의 다른 우주

제3부 신비주의자

가 있다는 것이 밝혀지고 있다. 이 부분은 이 장의 뒤쪽에 첨부해 놓았으니 참고하기 바란다.

노자는 최첨단의 물리학은 몰랐지만 그가 본 도는 모든 상상을 넘어서 황홀한 것이다. 그 황홀함을 상세히 묘사할 수 없어서 상象과 물物과 정精 진眞 신信 같은 단어들로 묘사해 놓았지만 그가 본 진리의 세계를 이해하기가 쉽지는 않다.

惚兮恍兮 其中有象
홀 혜 황 혜 기 중 유 상

황홀하고 황홀하니 그 중에 상象이 있고

恍兮惚兮 其中有物
황 혜 홀 혜 기 중 유 물

황홀하고 황홀하니 그 중에 물物이 있도다.

상象과 물物은 상대되는 개념이다. 상象은 보이지 않는 세계를 나타내고 물物은 보이는 세계를 나타내지만 모두가 보이지 않음에서 온 것들이다.

우주의 물질에 의한 에너지는 5%, 암흑 물질 25%, 암흑 에너지가 70% 정도라고 한다. 그러나 인간의 눈으로 관측할 수 있는 것은 겨우 5%에 불과하다. 나머지 95%는 인간의 능력 범위 밖이다. 현대물리학이 밝혀낼 수 없는 영역이 존재하고 있으나 그런 영역은 물질세계를 초월해 있고 그 세계를 황홀하다고 표현하고 있다.

그 황홀함의 세계는 신비주의자들의 영역이다. 그들은 직접적인 체험을 통해서 신성神性의 영역을 체험한다. 미래에는 과학자가 신비주의자가 되고 신비주의자는 과학자라고 한다. 지금의 물질세계 너머의 궁극의 진리를 찾아가는 사람들을 과학자라 부르든, 신비주의자라 부르든 같은

말일 것이다.

窈兮冥兮其中有精
요 혜 명 혜 기 중 유 정

其精甚眞其中有信
기 정 심 진 기 중 유 신

고요하고 그윽하니 그 가운데 정精이 있고

그 정精이 깊어서 진眞이 되고
그 가운데 신信이 있다.

정精과 진眞은 만물의 각각의 상태를 나타내는 말일 것이고 그 정精과
진眞 가운데서 신信, 즉 미더움이 있다는 말이다. 만물이 우연히 생긴듯
이 보이지만 그 모든 것은 어떤 법칙에 의해서 펼쳐진 것이니 만물 가운
데서 우리는 도의 펼쳐짐을 볼 것이고 이 온 우주의 펼쳐짐은 그 자체가
하나의 완벽한 세상이다.

우리는 그 가운데서 도에 대한 믿음信을 볼 것이다.

自古及今 其名不去 자 고 급 금 기 명 불 거	옛부터 지금까지 그 이름이 사라지지 않았으니
以閱衆甫 이 열 중 보	중보衆甫를 살펴보나
吾何以知衆甫之狀哉 以此 오 하 이 지 중 보 지 상 재 이 차	내 어찌 중보衆甫의 모양을 알리 오. 이 도道로 부터이다.

중보衆甫는 만물이라는 의미이다. 도가 이 세계에 펼쳐져서 만물이 되고, 그 만물의 펼쳐짐을 중보衆甫라고 보면 좋을 듯하다.

여기서 현대물리학적 지식을 가지고 간단히 우리가 사는 세상과 우주와 그 너머를 감히 논해보자.

모든 궁금증 중에 가장 궁금한 것이 있다면 그것은 우리 존재란 무엇인가 일것이다. 그 다음은 이 세상은 무엇인가 일것이다. 가장 첫번째 화두는 다음 기회로 미루고, 두번째 의문인 '이 세상은 무엇인가?'에 대한 나의 생각을 풀어보고자 한다.

이 세상은 어디서 왔을까? 우리는 보통 빅뱅Bigbang을 알고 있다. 한 점의 특이점Singularity에서 우주가 138억년 전쯤에 태어났고 그것이 팽창해서 지금의 우주 모습을 만들었다는 것이 얼마전까지 과학의 정설이었다.

그런데 최근에 새로운 관측들이 일어나면서 우주의 기원에 대한 새로운 학설들이 생겼다. 급팽창Inflation 이론이 그것이다. 우주가 처음에 한점에서 생겨나서 빛의 속도로 팽창한 것이 아니라 우주는 순식간에 지금의 크기로 팽창했다는 것이 밝혀졌다.

〈태초 3분간〉이라는 훌륭한 책이 있는데 3분동안 우주에서 일어난 일을 표준모델을 가지고 설명한 책이다. 그런데 그 3분보다 훨씬 더 짧은 상상할 수도 없는 10 ~ 32초 만에 우주가 거의 다 완성이 되고 그 이후에 우주가 서서히 팽창하고 있다는 것이 팽창이론이다.

기존의 빅뱅 학설은 이제 틀린 이론이 되었고 순식간에 생긴 우주에 더해서 이제는 인간의 모든 상상력이 더해진 우주 이론이 탄생하게 되는데 그것이 다중우주Multiverse 이론이다.

우주는 하나가 아니라는 것이다. 우주가 하나가 아니라니…… 겨우 400년 전에는 지구가 온 우주의 중심이고 평평했으며 신神이 지구의 인간을 중심으로 모든 별들을 운행하도록 만들었다고 생각했는데 말이다.

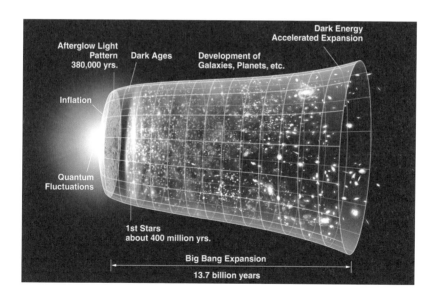

수천억개의 별이 1개의 은하를 구성하고 또 수천억개의 은하가 우리 우주를 구성하고 있다는 천문학적인 관측을 넘어서서 이제는 우리가 사는 우주 너머에 셀 수 없는 우주가 있다는 것이 점점 설득력을 가지게 되었다.

그러면 이 세상은 과연 무엇인가? 이 물질의 세상은 뉴턴의 법칙이 적용되고, 아인슈타인의 상대성이론이 적용되고, 슈뢰딩거의 양자론 量子論이 적용되는 세계에서, 이제는 그런 법칙들이 더 이상 적용되지 않는 무한한 수의 우주가 지금도 태어나고 있다는 다중우주의 세계를 지금 최고의 물리학자들은 확인하고 있다.

그러나 과학이 밝혀낸 세계는 궁극의 세계의 극히 일부분이다. 우리가 알지 못하는 다른 차원을 물질 세계가 다 묘사할 수 있을 것 같지는 않다. 노자가 본 도는 현대과학의 차원을 훨씬 넘어선 그 무엇이라고 나는 생각한다.

이 물질의 세계가 실제라고 생각하지만 상대성이론에 따르면 물질은 에너지화 되어서 형체가 없어질 수 있다는 것이 최근의 물리학 이론이다. 그런 법칙을 훨씬 넘어선 또 다른 법칙들이 적용되는 또 다른 우주가 있다는 것은 우리의 이성으로는 생각조차 못하던 것이다.

하루하루를 살면서 아주 작은 것에 분노하고 절망하며 슬퍼하고 기뻐하는 인간들의 모습은 과연 어떤 의미가 있을까. 사소한 것에 혹은 지극히 개인적인 것에 목숨 거는 가엾은 지구의 존재들은 무한한 우주 너머의 또 다른 우주를 상상조차 못하고 있다.

이 세상은 진화론이나 창조론 같은 것들을 넘어선 어떤 것이다. 세상

너머의 실상의 세계나 도道라고 부르는 것은 이런 모든 논의들 너머에 있는 무한의 바다이다. 인간들이 상상하는 신神은 종교나 진리라고 부르는 그것을 훨씬 넘어선 그 무엇이리라~~~!

孔德之容 惟道是從　　　공덕지용 유도시종

道之爲物 惟恍惟惚　　　도지위물 유황유홀

惚兮恍兮 其中有象　　　홀혜황혜 기중유상

恍兮惚兮 其中有物　　　황혜홀혜 기중유물

窈兮冥兮 其中有精　　　요혜명혜 기중유정

其精甚眞 其中有信　　　기정심진 기중유신

自古及今 其名不去　　　자고급금 기명불거

以閱衆甫 吾何以知衆甫之狀哉 以此
　　　　　　　　　이열중보 오하이지중보지상재 이차

큰 덕의 모습은 오로지 도를 따라서 나오는데 도라고 하는 것은 그저 황하고 홀할 뿐이다. 황홀하고 황홀하니 그 중에 상象이 있고 황홀하고 황홀하니 그 중에 물物이 있도다. 고요하고 그윽하니 그 가운데 정精이 있고 그 정精이 깊어서 진眞이 되고 그 가운데 신信이 있다. 옛부터 지금까지 그 이름이 사라지지 않았으니 중보衆甫를 살펴보나 내 어찌 중보衆甫의 모양을 알리오. 이 도道로 부터이다.

孔 클 공　唯 오직 유　從 따를 종　惟 오로지 유　생각할 유　恍 황홀할 황
惚 황홀할 홀　兮 어조사 혜　象 모양 상　物 사물 물　窈 고요할 요
冥 그윽할 명　甚 심할 심　信 믿을 신　及 미칠 급　閱 볼 열　何 어찌 하
衆 무리 중　甫 많을 보　狀 형상 상　哉 어조사 재

22 나를 내세우지 않음 不自

이 세상은 온갖 '에고'들이 서로를 내세운다. 다른 견해, 관점, 의견, 가치관, 도덕, 윤리, 종교 등으로 끝없이 '나自'를 주장한다. 그 '나自'로 인해서 세상은 어지럽고 혼란스럽다.

그 '나自'로 인해서 세상이 발전하는 측면도 있지만 세상에는 증오와 분노가 넘쳐난다. 그 '나自'가 만들어내는 세상은 물질세상을 풍요롭게 하였다.

따라서 세상은 오직 양陽의 펼쳐짐만을 발전이라고 여기는 듯하다. 물질 세상이 팽창하고 문명이 발전하며 과학기술이 발전하니 겉으로 보이는 세상의 발전은 인간의 상상 이상이다.

인공지능AI의 눈부신 발전은 도저히 넘을 수 없이 보였던 바둑에서조차 인간을 초월했다. 그래서 사람들은 물질과 과학기술의 발전이 인류의 미래 혹은 방향이라고 생각할지도 모른다. 그러나 노자가 바라보는 천하의 법도는 다르다.

曲則全 枉則直 곡 즉 전 왕 즉 직	굽혀야 온전할 수 있고 휘어야 곧게 할 수 있다.
窪則盈 敝則新 와 즉 영 폐 즉 신	우묵해야 채울 수 있고 낡아야 새롭게 할 수 있다.
少則得 多則惑 소 즉 득 다 즉 혹	적으면 얻을 수 있고 많으면 미혹된다.

과학기술의 발달로 인류의 문명은 양陽적으로는 발전하고 팽창하지만 인간의 행복은 높아지지 않고 있다. 치열한 생존경쟁에서 인간의 행복은 많이 얻을수록 더 행복해지는 것처럼 보이지만 노자가 바라보는 행복은 그 반대이다. 적을수록 좋고 많으면 미혹된다는 노자의 말은 삶의 진정한 목적을 놓고 현대인의 가치관과 정면으로 충돌한다.

뻣뻣하게 우뚝 서고 곧은 나무는 잘리어서 보존키 힘들다. 인간의 삶

도 그러하다. 겸손하고, 너그럽고, 부드러운 가운데 마음의 평온이 있다.

진정한 행복은 굽히고, 휘고, 우묵하고, 낡아야 하고 더 적게 성취해야 한다. 많이 가질수록 우리의 삶은 더 불행해진다고 노자는 말한다. 그것 이 진리이다. 우리는 아무것도 소유할 수 없다. 이 몸조차 놓고 가야하건 만 현대 사회는 우리가 영원히 이 물질세계에 머무를 수 있는 것처럼 눈 에 보이는 것으로 유혹한다.

12장 오색五色에서 말하는 것을 여기서 다시 이야기한다. 우리는 적을 수록 행복하다. 이 땅에서의 삶은 언제든지 가볍게 벗어놓고 갈 수 있는 가벼운 외투라고 노자는 말하고 있다.

是以聖人抱一爲天下式 시 이 성 인 포 일 위 천 하 식	때문에 성인은 포일抱一을 천하의 법도로 삼는 바
不自見故明 불 자 견 고 명	스스로 드러내지 않으므로 밝고
不自是故彰 불 자 시 고 창	스스로 옳다하지 않으므로 드러나고
不自伐故有功 불 자 벌 고 유 공	스스로 자랑하지 않으므로 공이 있고
不自矜故長 불 자 긍 고 장	스스로 자랑하지 않으므로 오래 가고
夫唯不爭 부 유 불 쟁	모름지기 오로지 다투지 않으므로
故天下莫能與之爭 고 천 하 막 능 여 지 쟁	천하가 그와 함께 다툴 수 없다.

누구나 많이 소유하고 재미있고 보람된 일을 하면서 보내는 것을 최고의 미덕으로 삼는 세상에서 노자는 포일抱一을 강조한다. 포일抱一은 제10장에 나오는 모든 백성을 하나로 품는다는 뜻의 재영백포일載營魄抱一과 같은 말이다.

행복을 추구하는 현대인에게 노자는 시대를 가로질러서 이야기한다. 스스로 드러내고 옳다하고 자랑하는 것을 경계하라. 양적인 팽창으로 세상을 살아갈 것이 아니라 음적인 태도로 세상에서 드러내거나 자랑하지도 않고 다투지 않는 삶을 노자는 말한다.

행과 불행은 그저 종이 한장 차이이며 행도 불행도 하나로 포일抱一하면서 천지자연과 하나 되는 것이 진정한 행복이라는 것이다.

古之所謂曲則全者豈虛言哉 고 지 소 위 곡 즉 전 자 개 허 언 재 誠全而歸之 성 전 이 귀 지	옛사람들이 굽혀야 온전할 수 있다는 말이 어찌 헛된 말이겠는가. 진실로 보존되고 돌아올 것이라.

휜 목재는 집 짓는데 쓰이지 않으나 곧은 나무는 곧바로 목재로 쓰인다. 그래서 곡즉전曲則全이라는 말이 옛부터 전해져 오는 것이다. 세상에서 동량棟梁으로 쓰이기 보다는 굽은 나무로서 그저 존재함으로써 자신의 진정한 빛을 발하는 것이다.

우리 삶은 주식시장처럼 오르락내리락 한다. 주식이 오를 때는 천하를 다 얻은 것처럼 의기양양하다. 10배, 백배 끝없이 오를 듯하다. 그러나 떨어질 때는 순식간에 폭락하여 종이조각이 되기도 한다. 우리 삶도 이렇게 파도 속에 오르락내리락 하는 조각배와 같다. 그래서 모두는 가장 안전한 삶을 위해서 재물을 모으고 노후의 안정된 삶을 위한 대책을 세운다. 그것은 어찌 보면 미래에 대한 인간의 당연한 생각이지만 대부분의 사람들은 그런 것에 에너지를 과도하게 사용한다.

인생을 다 걸고서 재물과 안락한 삶을 추구하지만 어느 한 순간에 심한 추락을 겪는다. 그것이 우리 인생이다. 사랑했던 사람과도 어느날 헤어지는 것이 우리의 삶이다.

가장 안전할 것 같은 길을 찾아가지만 마지막에는 모든 것을 다 놓아야 한다. 그 마지막에 우리는 꼭 쥐었던 손을 다 펴고 본래의 곳으로 가야한다. 이 땅에서의 삶은 아주 일시적인 꿈이자 연극이다. 그것이 우리 삶의 본질이다. 내 재산뿐만 아니라 내 육체도, 내 이름도, 한낱 거품에 불과해서 그냥 사그라져 버린다.

그래서 노자는 우리 모두가 영원한 무엇인가를 찾아가기를 촉구하고 있는 것이다. 그것이 천하식天下式, 즉 천하의 법도인 것이다. 천하의 그 법도를 지킬 때 우리의 삶은 진실로 온전穩全해 지는것이다.

노자처럼 세상을 초월한 신비주의자들은 '나'를 넘어간 사람들이다. '나'라는 '에고 덩어리'를 넘어서 천하를 훨씬 넘어간 사람들이다.

曲則全 枉則直　　　　　곡즉전 왕즉직

窪則盈 幣則新　　　　　와즉영 폐즉신

少則得 多則惑　　　　　소즉득 다즉혹

是以聖人抱一爲天下式　시이성인포일위천하식

不自見故明 不自是故彰　불자견고명 불자시고창

不自伐故有功 不自矜故長　불자벌고유공 불자긍고장

夫唯不爭 故天下莫能與之爭　부유불쟁 고천하막능여지쟁

古之所謂曲則全者豈虛言哉　고지소위곡즉전자 개허언재

誠全而歸之　　　　　　성전이귀지

굽혀야 온전할 수 있고 휘어야 곧게 할 수 있다.

우묵해야 채울 수 있고 낡아야 새롭게 할 수 있다.

적으면 얻을 수 있고 많으면 미혹된다.

때문에 성인은 포일抱一을 천하의 법도로 삼는 바

스스로 드러내지 않으므로 밝고 스스로 옳다하지 않으므로 드러나고

스스로 자랑하지 않으므로 공이 있고 스스로 자랑하지 않으므로 오래가고

모름지기 오로지 다투지 않으므로 천하가 그와 함께 다툴 수 없다.

옛사람들이 굽혀야 혼전할 수 있다는 말이 어찌 헛된 말이겠는가.

진실로 보존되고 돌아올 것이라.

抱 안을 포 式 법도 식 彰 드러날 창 伐 자랑할 벌 칠 벌 矜 자부할 긍
爭 다툴 쟁 與 함께 여 豈 어찌 개 歸 돌아올 귀 曲 굽을 곡 全 온전할 전
枉 굽을 왕 直 곧을 직 窪 우묵할 와 盈 채울 영 敝 해질 폐 惑 미혹할 혹

제4부

세상 넘어가기

세상을 넘어가기가 쉽지 않다. 우리는 이 세상에 속하여 먹고 자고 숨쉬고 햇볕을 보며 사람들과의 관계에서 의미를 찾기 때문이다.

우리 생존의 대부분은 타인들의 수고와 도움에 의한 것이다. 그래서 우리는 세상 모두에게 빚을 지고 있지만 그 모든 것들에 의해서 속박 받아서는 안 되는 자유로운 존재들이 되어야 마땅하다.

이 세상에 존재하는 모든 생명체는 보이지 않는 에너지에 의해서 서로 연결되어 있다.

내가 일으키는 한 가지 생각조차도 세상에 그 자취를 남기고 내가 한 작은 행위도 온 우주는 기억하고 있다.

그러나 우리가 세상에 속박되어 이 세상의 노예로 사는 삶은 우리를 슬프게 한다. 우리는 무한한 존재들인데 좁은 몸에 갇혀서 이 몸 하나를 위해서 살아가느라 시간과 노력을 모두 허비하고 있다.

이 세상을 넘어가는 것을 모두가 꿈꾸지만 대부분은 세상의 종으로 살아가고 있는 것이 현실이다. 이 현실에서 자유롭기를 원하지만 눈에 보이는 물질세계의 지배를 받으며 살아가고 있다.

나아가 스스로 만든 한계와 개념에 갇혀서 자신의 진정한 존재 의미도 모르고 살아간다.

어떻게 살아가야 할지 노자의 말을 들어보자.

23 잃음과도 같아져라 同失

세상은 온갖 주장으로 가득하다. 종교는 자신들의 교리가 최고라고 늘 주장하고, 정치는 자신들의 정책이 나라를 진정으로 위하는 최고의 길이라고 이야기한다. 윤리도덕은 어기면 안되며 이것을 위해야 한다고 이야기한다.

그러나 노자는 그 모든 것은 부질없는 헛소리에 불과하다며 말을 아끼라고 한다.

希言自然
희 언 자 연

말을 아끼는 것이 자연스럽다.

故飄風不終朝
고 표 풍 불 종 조

그것은 회오리 바람도 아침나절을 넘기지 못하며

驟雨不終日
취 우 불 종 일

폭우도 한나절을 넘지 못하기 때문이다.

자연은 말하지 않는다. 말을 아끼는 것이 자연이라고 한다. 성인은 그런 속성을 가지고 있다고 한다. 노자는 말해줘도 알아듣지 못하는 사람들에게 말을 줄이는 것이 자연스럽다고 한다.

노자는 세상을 위해서 엄청난 인내와 사랑으로 5천자로 압축해서 도와 덕을 풀어내었다.

孰爲此者 숙 위 차 자	무엇이 이와 같은가?
天地 천 지	천지이다.
天地尙不能久 천 지 상 불 능 구	천지도 오래가지 못하는데
而況於人乎 이 황 어 인 호	하물며 사람이랴?

비가 오고 천둥 치는 것도 한 나절이요 인생의 행과 불행도 영원하지 한다. 천지자연도 변화가 무쌍하며 사람의 삶도 변화무쌍하고 영고성쇠하다는 것은 우리가 익히 경험하는 것이다.

모두가 평온하고 행복하기만을 원하지만 삶의 복잡다단함은 우리를 그저 내버려두지 않는다.

부처는 그래서 일체개고一切皆苦, 모든 것이 고통이라고 했다. 그 고통

제4부 세상 넘어가기

과 고뇌에서 벗어나는 것이 우리 모두의 참된 소망이지만 이런 고통으로
부터 자유로운 사람은 없다.

故從事於道者	그러므로 도를 추구하는 사람은
고 종 사 어 도 자	
道者同於道	도道라는 것이 도道와 같아져야 하고
도 자 동 어 도	
德者同於德	덕德이라는 것이 덕德과 같아져야 하며
덕 자 동 어 덕	
失者同於失	실失이라는 것이 실失과 같아져야 한다.
실 자 동 어 실	

우리가 고통으로부터 벗어나는 길은 요원하지만 그래도 도와 같아지
고 덕과 같아지고 실과 같아져야 한다고 노자는 말한다. 도와 덕은 당연
히 좋은 것이지만 실은 나쁜 것이라서 모두가 싫어하는 것이다. 그 싫어
하는 것과도 하나가 되는 것, 그것이 노자가 말하는 자연이다.

同於道者道亦樂得之	도와 같아져야 된다는 것은
동 어 도 자 도 역 락 득 지	도 역시 그를 얻는 것을 즐겨하고
同於德者德亦樂得之	덕과 같아져야 된다는 것은
동 어 덕 자 덕 역 락 득 지	덕 역시 그를 얻는 것을 즐겨하고
同於失者失亦樂得之	실과 같아져야 된다는 것은
동 어 실 자 실 역 락 득 지	실 역시 그를 얻는 것을 즐겨하는 것이다.
信不足焉有不信焉	믿음이 부족해서 불신함이 있는 것이다.
신 불 족 언 유 불 신 언	

도道와 같아져서 도道를 얻는 것을 즐겨하고 덕德과 같아져서 덕德을 얻는 것을 좋아하고 실失과 같아져서 실失을 얻는 것을 즐겨하는 경지에 이르면 그저 모든 것이 자연이다. 천지자연과 하나 되는 것이 우리가 진정 무위의 도道를 성취하는 것이다. 그래서 잃고 얻음을 초월할 때, 우리는 영원한 자유인이 된다.

노자는 실失을 얻는 것도 즐겨하라고 말했지만 사람들의 믿음이 부족해서 불신할까봐 한줄을 더 넣었다.

굽은 나무처럼 살아가고 잃음과 상실을 그저 도와 덕의 일부로서 받아들인다면 이 세상의 그 무엇이 우리를 힘들게 할 것인가. 우리가 삶을 살면서 오는 그대로 받아들이고 가는 그대로 놓아버리고 있는 그대로 바라보고 그 안에 거하기를 바라는 것이 도이며 자연이다.

여기서 다른 관점에서 道와 德과 失을 바라보자. 道는 거룩한 것이고, 德은 道가 폐하여졌을 때 나오는 것으로 보통의 인간들이 최고로 추구하는 것들이다. 失은 道와 德이 없어진 상태를 이야기하는 것이다. 이 세상은 도덕이 상실된 失의 세계이다. 이 세상은 약육강식의 동물 세계보다 더 잔인하다. 상대를 거꾸러 뜨려야 하는 것이 여기 이 지구에서의 삶이다.

이 지구는 신성神性이 아닌, 악惡이 다스리는 잃어버려진 곳이라고 생각할 수도 있다. 여기는 천국같은 기쁨, 사랑, 평화가 없는 곳이다. 여기 이곳은 갈등과 반목이 가득한 곳이다. 매일 매스컴에서 보는 것들은 보고 듣기에 너무나 끔찍하고 섬뜩한 것들로 가득하다.

이런 잃어버린 세계를 떠나서 조용히 혼자서 사는 것을 꿈꾸지만 지금 우리는 그 모든 것과 함께 할 수 밖에 없다.

　이 실失의 세계, 어둠과 절망의 세계를 거부하지 말고 받아들이라는 것이 노자의 생각이다. 이 더러움과 사악함의 세상에서 우리는 작은 불빛으로 이 세상을 밝히면 된다.

　그것이 성인들이 추구하는 것이다. 진리를 잃어버리고 인의를 잃어버린 이 세상에서 우리는 인간임을 거부하지 않고 인간 존재의 나약함을 받아들여서 그 세계를 초월해 나가야 하는 것이다.

　그것이 우리에게 주어진 본래의 존재 모습으로 가는 유일한 방법이다. 인간임을 거부하지 않고 이 세상을 외면하지 않고 자신의 나약함을 부인하지 않고 이 모든 것을 있는 그대로 받아들일 때, 세상의 탁함과 더러움에 의해서 더럽혀지지 않는 존재가 될 것이다. 그렇게 우리는 세상을 넘어서 가야 한다.

행복한 비움

希言自然　　　　　　　　　　　希言自然　　　　　　　희언자연

故飄風不終朝　驟雨不終日　　　고표풍불종조 취우불종일

孰爲此者　天地　　　　　　　　숙위차자 천지

天地尙不能久　而況於人乎　　　전지상불능구 이황어인호

故從事於道者　道者同於道　　　고종사어도자 도자동어도

德者同於德　失者同於失　　　　덕자동어덕 실자동어실

同於道者道亦樂得之　　　　　　동어도자도역락득지

同於德者德亦樂得之　　　　　　동어덕자덕역락득지

同於失者失亦樂得之　　　　　　동어실자실역락득지

信不足焉有不信焉　　　　　　　신불족언유불신언

말을 아끼는 것이 자연스럽다. 그것은 휘오리 바람도 아침나절을 넘기지
못하며 폭우도 한나절을 넘지 않기 때문이다. 무엇이 이와 같은가?
천지이다. 천지도 오래가지 못하는데 하물며 사람이랴?

그러므로 도를 추구하는 사람은 도道라는 것이 도와 같아져야 하고
덕德이라는 것이 덕과 같아져야 하며 실失이라는 것이 실과 같아져야 한다.

도와 같아져야 된다는 것은 도 역시 그를 얻는 것을 즐겨하고
덕과 같아져야 된다는 것은 덕 역시 그를 얻는 것을 즐겨하고
실과 같아져야 된다는 것은 실 역시 그를 얻는 것을 즐겨하는 것이다.
믿음이 부족해서 불신함이 있는 것이다.

希 드물 희 然 그럴 연 飄 나부낄 표 風 바람 풍 終 마칠 종 朝 아침 조 驟 갑작스럴 취 雨 비 우
孰 누구 숙 무엇 숙 尙 오히려 상 而 말이을 이 況 하물며 황 於 어조사 어 乎 어조사 호

24 쓸데없는 짓 贅行

22장부터 도를 가진 사람들의 구체적인 특징을 설명하고 있다.
도를 가진 사람은 군더더기 같은 행동을 행하지 않는다.
도를 가진 유도자有道者는 스스로의 분명한 세계에서 세상을 언제든지
버리고 나아갈 사람이다. 왜냐하면 세상에서 행하는 모든 것들이 부질없는
군더더기 행동인 췌행贅行이기 때문이다.

企者不立	까치발로는 서 있을 수 없고
기 자 불 립	
跨者不行	큰 걸음으로는 걸을 수 없으며
과 자 불 행	
自見者不明	스스로 드러내는 자는 밝지 못하고
자 견 자 불 명	
自是者不彰	스스로 옳다하는 이는 드러나지 못한다.
자 시 자 불 창	
自伐者無功	스스로 자랑하는 자는 공이 없고
자 벌 자 무 공	
自矜者不長	스스로 교만한 자는 오래가지 못한다.
자 긍 자 불 장	

이 장의 내용은 22장 부자不自에 나오는 내용이다. 그 당시나 지금이나 우리는 잘난 사람들이 뿜어내는 에너지를 본능적으로 싫어한다. 우리는 '에고'나 '나'를 내세우는 사람을 별로 달가워하지 않는다. 말하지 않아도

124
행복한 비움

모든 사람은 특유의 에너지를 발산하고 있다.

훌륭한 사람은 가만히 있어도 그 사람됨을 남들이 알아준다. 못난 사람들은 스스로를 떠벌리고 말이 많다. 진실은 저절로 드러나게 되어 있다. 천지는 각각의 사람의 진실을 있는 그대로 다 알고 있다. 세상을 잠시 속일 수는 있어도 천지자연을 속일 수는 없다.

사람을 속이는 자들은 하늘에 의해서 응징을 받는다는 아주 단순한 진실을 잊어 버리고, 남들을 속이고 남들을 이용하는 자들은 결국에는 사람들로부터 버림받고, 하늘로부터도 버림받는다는 자명한 진실 앞에서 우리는 늘 '나'를 놓아버려야 한다.

도는 담백하고 소박하다. 그래서 억지로 행하지도 않고 과장하지도 않으며 드러내려 하지도 않고 교만하지도 않다. 그 모든 것은 쓸데 없는 허식이다.

우리는 그저 있는 그대로 현실과 마주쳐야 한다. 마음이 꾸며낸 헛된 망상에 사로잡혀서 있는 그대로의 현실을 거짓으로 덧칠하고 허위로 위장해서는 안된다. 노자는 있는 그대로의 무위無爲를 이야기한다.

其在道也 기 재 도 야	그런 것은 도에 있어서
曰餘食贅行 왈 여 식 췌 행	남은 밥이요 쓸데없는 행동이다.
物或惡之 물 혹 오 지	사람이 싫어할지도 모른다.
故有道者不處 고 유 도 자 불 처	그래서 도를 지닌 자는 그렇게 임하지 않는다.

꾸미고 남에게 드러내고 자랑하고 하는 것은 아무 짝에도 쓸모없다. 사람들도 싫어한다. 하지만 사람들은 겉으로 보여지는 것에만 신경을 쓰고 그 본질에는 관심이 없다. 우리는 본질에 접근하도록 하여야 한다. 이 세상의 본질이 무엇인가, 나의 본질이 무엇인가를 고민하는 사람은 쓸데없는 행위에 집착하지 않으며 그런 이들이 많은 사회가 진정 행복하고 좋은 사회이다.

사람들은 뭔가를 쫓아서 산다. 좋은 집, 많은 돈, 혹은 좋은 사람. 그러나 이런 것들이 영원할까 생각해보면 그렇지 않다. 이 땅에서 우리가 소유했던 것들은 모두 놓고 갈 따름이다.

우리는 이 세상을 떠날 때, 이 몸둥아리도 놓아버리고 이 세상에서 이루었던 모든 것들도 또한 놓아버리고 간다. 어찌 보면 세상에서 행하는 모든 것이 췌행인 것이다.

그러나 우리가 가져갈 수 있는 것이 완전히 없는 것은 아니다. 이 세상에서 나누었던 사랑, 평화, 기쁨 그리고 우리가 인간으로서 행했던 아름다운 것들은 모두 지워지지 않는 기록으로 이 세상에 남는다.

여기서 도덕경 73장의 천망소회편을 인용해보자.

天之道	천지도	하늘의 도는
不爭而善勝	부쟁이선승	다투지 않아도 잘 이기고
不言而善應	부언이선응	말하지 않아도 잘 응해 주고
不召而自來	부소이자래	부르지 않아도 스스로 오고
繟然而善謀	천연이선모	느슨해 보이지만 잘 도모한다.

| 天網恢恢 천망회회 | 하늘의 법망은 크고 넓어 |
| 疏而不失 소이부실 | 엉성해 보이지만 놓치지 않는다. |

췌행은 위선에 가까운 것이다. 그런 위선을 행하는 것을 하늘은 다 기록하고 있다. 하늘은 머리카락 한 올도 세지 않고는 넘어가지 않는다고 한다. 하늘은 성글고 엉성해 보이지만 머리카락 한 올, 우리의 작은 생각, 행위의 의도도 정확히 기억한다.

그래서 선인은 그 착함에 대해서 하늘이 보상하지만 악인은 반대로 그 댓가를 반드시 치러야 한다는 카르마Karma, 업業의 법칙을 말한다. 모든 종교는 췌행을 그치고 천지에 부끄럽지 않은 삶을 살라고 말하고 있으며 노자는 이를 우리에게 일깨우고 있다.

企者不立 跨者不行　　　기자불립 과자불행
自見者不明 自是者不彰　　자견자불명 자시자불창
自伐者無功 自矜者不長　　자벌자무공 자긍자불장

其在道也 曰餘食贅行　　　기재도야 왈여식췌행
物或惡之 故有道者不處　　물혹오지 고유도자불처

까치발로는 서 있을 수 없고 큰 걸음으로는 걸을 수 없으며
스스로 드러내는 자는 밝지 못하고
스스로 옳다하는 이는 드러나지 못한다.
스스로 자랑하는 자는 공이 없고
스스로 교만한 자는 오래 가지 못한다.

그런 것은 도道에 있어서 남은 밥이요 쓸데없는 행동이다.
사람이 싫어할지도 모른다.
그래서 도道를 지닌 자는 그렇게 임하지 않는다.

企 발돋움할 기 立 설 립 跨 넘을 과 彰 드러날 창 伐 자랑할 벌
矜 자부할 긍 在 있을 재 曰 말씀 왈 餘 남을 여 食 밥 식
贅 군더더기 췌 或 혹시 혹 惡 미워할 오 끔 부를 소 繟 느슨할 천
謀 도모할 모 網 그물 망 恢 넓을 회 疏 성글 소 失 잃을 실

행복한 비움

25

스스로 그러하니 自然

다시 도의 본질로 돌아와서 도를 설명한다.
도는 어디에나 있고 무한히 크다.
신성神性은 편재하고 전지하고 전능하다고 얘기하는데, 그 신성이 바로 도의
또 다른 이름일 것이다.

有物混成 유 물 혼 성	물질이 섞여서 만들어져서
先天地生 선 천 지 생	먼저 천지가 생겨나니
寂兮寥兮 적 혜 요 혜	고요하고 고요하다.
獨立不改 독 립 불 개	홀로 서서 변하지 않으며
周行而不殆 주 행 이 불 태	두루 다니나 위험치 않으니
可以爲天下母 가 이 위 천 하 모	천하의 어미가 될 만하다.

이 세상은 무無 혹은 공空에서 시작되었다. 아무 것도 없는 나타나지
않은 세계에서 물질의 세계가 생겨났다. 그 물질이 섞여서 생겨난 천지

天地는 고요하고 또 고요하다.

그것의 물질적 속성은 변하여도 그 본질은 변치 않는다. 두루 돌아다니지만 위험하지 않으니 천하의 어미母가 될 만하다.

이 물질세상 이전의 나타나지 않은 세상은 우리의 이해 범위를 넘어선다. 그러나 물질의 세계가 드러난 후에는 그 물질이 두루 변하여서 세상의 근원이 되는 것이다.

불개不改와 불태不殆는 도의 속성이다. 불개不改는 도는 변치 않는다는 의미이다. 도는 영원하다. 세상과 천하는 변할지라도 도는 영원하다.

불태不殆는 도의 또 다른 속성이다. 도가 위험치 않다는 것은 도가 어떤 이상한 작용을 하고, 변덕을 부리고, 도가 악의 편에 서거나 제멋대로여서 믿을 수 없다는 것이 아니다. 도는 안전한 것이다. 그것이 천지자연의 원칙이다.

이 세상은 악이 지배하는 듯하다. 인간의 '에고' 본성은 동물을 닮아서

행복한 비움

오직 자신의 이익과 탐욕과 쾌락만을 추구하는 듯 보인다. 그러나 도는 그렇지 않다. 도는 영원하며 사랑과 평화와 빛으로 가득한 것이 도이고 진리이다.

그러나 어지럽고 '에고'의 속성을 가진 인간들이 지배하는 것처럼 보이는 이 세상은 조금도 위험하지 않고 안전한 곳이다. 그것을 노자는 불태 不殆라고 설명한다.

吾不知其名
오 불 지 기 명

나는 그 이름을 모르는데

字之曰道
자 지 왈 도

도라고 말하니

强爲之名曰大
강 위 지 명 왈 대

억지로 그것을 이름하면 크다 하고

大曰逝
대 왈 서

큰 것이 날아오르고

逝曰遠
서 왈 원

날아올라서 멀리 가나

遠曰反
원 왈 반

멀리 가서 다시 돌아온다.

불개不改하고 불태不殆한 것의 이름을 정확히 무어라 할지 모르지만 글자로 쓰면 도道라고 할 것이다. 그 도를 강제로 이름 붙이면 크다大고 설명할 것이니 그 큰 도는 아주 높이 날아오른다.

날아오른 도는 저 멀리 가서 온 우주를 덮는다. 그럴 때 도는 본래의 자리로 돌아온다. 도는 너무나도 큰 것이 끝없이 펼쳐지는 것이다.

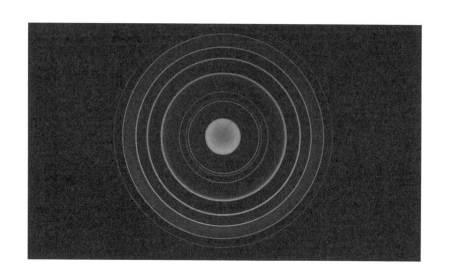

故道大 고 도 대	그러므로 도는 크고
天大 천 대	하늘도 크고
地大 지 대	땅도 크고
王亦大 왕 역 대	왕도 역시 크니
域中有四大 역 중 유 사 대	그 가운데 4대가 있어서
而王居其一焉 이 왕 거 기 일 언	왕의 거居도 그 중에 하나라.

　　그러므로 도는 너무나도 크다. 온 우주에 편재해 있고 전지하고 전능한 것이 하늘의 도이다. 따라서 이 도를 닮은 하늘 또한 크고 하늘 아래

있는 땅도 또한 크며 그 땅을 다스리는 왕 또한 커야 한다.

도와 하늘과 땅과 왕이 4개의 큰 것인데, 왕의 거屚 또한 그 가운데 하나이다. 거屚는 삶을 총체적으로 이르는 말이다. 왕의 생활과 생각과 행위 또한 커야 한다고 노자는 말하고 있다.

人法地 인 법 지	사람은 땅을 본받고
地法天 지 법 천	땅은 하늘을 본받고
天法道 천 법 도	하늘은 도를 본받고
道法自然 도 법 자 연	도는 자연을 본받는다.

이렇게 왕인 사람은 땅을 본받고 땅은 하늘을 본받고 하늘은 도를 본받는 바, 도는 스스로 그러하다.

도보다 더 높은 것은 자연이다. 노자는 도 위에 더 큰 무엇인가를 자연自然이라고 이름하였다. 도道 또한 어느 순간에 생겨난 것이기에 도 이전에 있는 자연을 노자는 상정하였던 것이다.

자연은 스스로 그러하다. 우주가 생기기 전에도 있었고 영원과 시간 없음을 넘어서 그저 스스로 존재한다. 우리는 존재 자체로 이런 자연을 닮아서 영원을 넘어서서 존재한다.

有物混成 先天地生 寂兮寥兮 유물혼성 선천지생 적혜요혜

獨立不改 周行而不殆 可以爲天下母

독립불개 주행이불태 가이위천하모

吾不知其名 字之曰道　　　오불지기명 자지왈도

强爲之名曰大 大曰逝　　　강위지명왈대 대왈서

逝曰遠 遠曰反　　　　　　서왈원 원왈반

故道大 天大 地大 王亦大　고도대 천대 지대 왕역대

域中有四大 而王居其一焉　역중유사대 이왕거기일언

人法地 地法天 天法道 道法自然

인법지 지법천 천법도 도법자연

물질이 섞여서 만들어져서 먼저 천지가 생겨나니 고요하고 고요하다.
홀로 서서 변하지 않으며 두루 다니나 위험치 않으니
천하의 어미가 될 만하다.

나는 그 이름을 모르는데 도라고 말하니 억지로 그것을 이름하면 크다 하
고 큰 것이 날아오르고 날아올라서 멀리 가나 멀리 가서 다시 돌아온다.
그러므로 도는 크고 하늘도 크고 땅도 크고 왕도 역시 크니
그 가운데 4대가 있어서 왕의 거居도 그 중에 하나라.

사람은 땅을 본받고 땅은 하늘을 본받고 하늘은 도를 본받고
도는 자연을 본받는다.

混 섞일 혼 成 이룰 성 寂 고요할 적 寥 적막할 요 獨 홀로 독 改 고칠 개 周 두루 주 殆 위험할 태

마음을 지켜라 輜重

중重과 정靜은 무겁고 고요하니 음陰의 상태에 해당하고, 경輕과 조躁는 가볍고 바쁘니 양陽의 상태에 해당된다. 이 장에서 노자는 음과 양의 상태에서 몸을 고요히 한 성인의 상태를 표현하고 있다.

重爲輕根	무거움은 가벼움의 근원이고
중 위 경 근	
靜爲躁君	고요함은 시끄러움의 임금이다.
정 위 조 군	
是以聖人終日行	때문에 성인이 종일토록 다닌다해도
시 이 성 인 종 일 행	
不離輜重	그 치중輜重을 떠나지 않고
불 리 치 중	
雖有榮觀	비록 아름다운 경치가 있더라도
수 유 영 관	
燕處超然	편안히 하여서 초연하다.
연 처 초 연	

이 세상은 얼마나 재미있는가? 인터넷의 발달로 세계 어느 곳의 정보든 알 수 있으니 만리경을 가진듯 하고 교통의 발달로 세계를 하룻만에 갈 수

있다. 그래서 사람들은 밤잠도 자지 않고 인터넷과 게임에 빠진다.

또한 인간의 감각적 쾌락을 자극하는 볼거리는 차고도 넘쳐서 세상이 참으로 극락같다.

사람들은 이러한 눈에 보이는 것을 얻기 위해서 쉼없이 몸을 가벼이 하고 여기 저기 돌아다닌다. 그래서 몸과 마음은 늘 바쁘기만 하다.

무거움重은 가벼움輕의 근원이다. 쾌락을 쫓도록 유혹하는 물질적 세상에 속한 우리들은 이러한 것들을 유지하기 위해서 쉼없이 일하여야 하니 우리의 마음은 언제나 평안할 수 있을까?

이 문단에서 치중輜重이라는 단어와 영관榮觀이라는 단어가 눈에 띈다. 치중輜重은 수레에 둔 무기나 군량을 뜻한다. 무기와 군량은 꼭 지켜야만 하는 것이다. 수레가 이동하는데 군대가 아름다운 경치에 빠져서 수레 지키기를 소홀히 한다면 어찌 나라를 지킬 수 있을까?

우리 삶에서 영관榮觀, 즉 아름다운 경치는 모두가 보고 싶어하는 것이다. 젊은이들은 외국의 유명한 곳으로 신혼여행을 가서 멋진 곳에서 최

행복한 비움

고의 요리를 먹으며 바다와 하늘을 구경하는 꿈을 꾼다.

그러나 성인은 그런 것에 마음을 두지 않는다. 마음을 편안히 하며 초연하다. 성인들은 세상의 모든 부귀영화를 하찮게 여긴다.

노자는 다른 소명과 삶의 목표를 가진 소수의 사람들에게 자신의 근본을 찾아서 마음을 지키고 고요히 중심을 잡아서 진리의 세계를 찾으라고 말한다.

성인에게 있어서 가장 중요하고 지켜야할 치중輜重은 무엇일까?

성인의 치중은 바로 자신의 마음이다. 자신의 마음이 고요하고 평화로운 것, 성인은 그것을 바라는 것이다. 마음이 침묵과 고요 속에 머무는 이는 이 세상에 속하지만 진정 자유롭다.

柰何萬乘之主 내 하 만 승 지 주	어찌 만승의 임금이
而以身輕天下 이 이 신 경 천 하	세상에서 몸을 가벼이 할까?
輕則失本 경 즉 실 본	가벼운즉 그 근본을 잃을 것이고
躁則失君 조 즉 실 군	성급한즉 임금의 자리를 잃을 것이라.

수레가 1만여 개나 되는 큰 나라를 만승지국萬乘之國이라고 한다. 그런 큰 나라를 다스리려면 함부로 움직여서는 안된다. 그러면 나라가 흔들린다. 성급하게 주변국과 다투거나 외교적인 문제를 일으켜서도 안된다. 그러면 임금의 자리도 위태롭다.

임금에게 경고하는 글이지만 이 글은 노자 자신의 마음 상태를 말하는 것이다. 성인의 마음은 세상 일에 흔들리지 않는다. 아름다운 경치나 세상적 부귀와 영화에도 아무런 동요가 없다. 왜냐하면 성인이 보는 세상은 그 본질이 임금과도 다르고 백성들과도 다르기 때문이다.

몸을 무겁게 하고 마음을 고요히 해서 세상에 속해 있지만 세상을 초월해서 걸어가는 사람은 가장 안전하다. 그는 천지자연과 하나이기 때문이다.

重爲輕根 靜爲躁君　　　중위경근 정위조군
是以聖人終日行 不離輜重　시이성인종일행 불리치중
雖有榮觀 燕處超然　　　수유영관 연처초연

奈何萬乘之主 而以身輕天下　내하만승지주 이이신경천하
輕則失本 躁則失君　　　경즉실본 조즉실군

무거움은 가벼움의 근원이고 고요함은 시끄러움의 임금이다.
때문에 성인이 종일토록 다닌다해도 그 치중輜重을 떠나지 않고
비록 아름다운 경치가 있더라도 편안히 하여서 초연하다.

어찌 만승의 임금이 세상에서 몸을 가벼이 할까?
가벼운즉 그 근본을 잃을 것이고 성급한즉 임금의 자리를 잃을 것이라.

重 무거울 중 輕 가벼울 경 根 뿌리 근 靜 고요할 정 躁 시끄러울 조 君 임금 군 離 떠날 리
輜 짐수레 치 雖 비록 수 榮 영화로울 영 觀 볼 관 燕 편안할 연 處 처리할 처 超 뛰어넘을 초

밝음을 이어라 襲明

묘妙를 얻음은 열심히 노력해서 최고의 기술을 익힘을 넘어서 있다. 최고의 달인이 되는 것은 수많은 연습과 반복을 통해서 이루어지지만 그 너머의 보이지 않는 세계에 도달하기 위해서는 그것 이상이 필요하다.
어떻게 하면 최고의 오묘함을 얻을 수 있을까?

善行無轍迹 선 행 무 철 적	잘 다니면 바퀴 자국이 없고
善言無瑕謫 선 언 무 하 적	말을 잘하면 허물을 남기지 않으며
善數不用籌策 선 수 불 용 주 책	계산을 잘하면 주산이 필요없다.
善閉無關楗而不可開 선 폐 무 관 건 이 불 가 개	문단속을 잘하면 빗장을 안써도 열지 못하고
善結無繩約而不可解 선 결 무 승 약 이 불 가 해	잘 묶으면 줄이 없어도 묶고 풀 수가 없다.

잘하는 사람들은 잘한다는 생각을 하지 않으면서 잘한다. 성인은 그저 무위의 행을 하기에 전혀 스스름 없이 세상 일을 행한다. 시끄럽고 요란하게 하는 사람들은 결국에는 성과없이 끝나는 경우가 많은데, 진정 잘 준비된 사람은 그저 흐름에 따라서 세상 일을 처리한다. 성인의 삶은 물

흐르듯 바람에 흔들리듯 그저 가장 자연스러운 삶을 사는 것이다.

是以聖人 시 이 성 인	때문에 성인은
常善求人 故無棄人 상 선 구 인 고 무 기 인	늘 사람을 잘 구하여서 사람을 버리지 않고
常善求物 故無棄物 상 선 구 물 고 무 기 물	물건을 잘 구하여서 그것을 버리지 않으니
是謂襲明 시 위 습 명	이것을 밝음을 물려받았다 한다.

습명襲明, 습襲은 물려받았다는 뜻이다.

밝음을 물려받아서 사람을 함부로 버리지 않고 물건도 함부로 버리지 않아서 꼭 필요한 곳에 사용한다.

이해 관계에 따라서 쳐내고 새로 맞아들이고, 또 쳐내고 하면서 아주 능력있게 하는 것이 아니라 필요한 사람을 필요한 곳에 적절히 활용하는 것이 성인의 덕이다. 사물 또한 성인은 그렇게 사용한다.

故善人者 고 선 인 자	때문에 사람에게 잘하는 사람은
不善人之師 불 선 인 지 사	잘 못하는 사람의 스승이고
不善人者 불 선 인 자	잘 못하는 사람은
善人之資 선 인 지 자	잘하는 사람의 자산이라.
不貴其師 불 귀 기 사	그 스승을 귀히 여기지 않고
不愛其資 불 애 기 자	그 자산을 아끼지 않으면
雖智大迷 수 지 대 미	비록 지혜가 있더라도 크게 미혹된다.
是謂要妙 시 위 요 묘	이를 묘함을 얻었다 한다.

요要의 뜻은 여러가지가 있는데 여기서는 얻었다는 의미가 맞을듯 하다. 습명襲明에서, 습襲도 습득하다는 의미이며 여기의 요는 취득하다는 의미이기에 이 장의 주제는 밝음을 얻고 묘함을 얻는 것이다.

그 밝음明과 묘함妙을 얻는 것은 기가 막힌 영민함으로 세상에서 남들이 모르는 것을 얻는다는 의미로 받아들이기가 쉽다. 그러나 밝음과 묘함은 남들이 나누고 분별하고 판단하는 것의 훨씬 너머를 보는 것이다.

선인과 불선인은 그 그릇이나 역할이 다르다. 하나는 스승師이요 하나는 자산資이다. 스승은 자산資이 어딘가에 쓸모 있음을 보는 이다. 세상에서 아무 짝에도 쓸모 없음조차 어떤 쓰임새를 보는 것이 묘妙이다. 스승은 다른 안목과 맥락으로 세상을 본다. 그저 눈에 보이는 좋고 나쁨 너머에 있는 각 존재의 고유한 가치를 보는 것이다.

先行無轍迹 善言無瑕謫   선행무철적 선언무하적

善數不用籌策   선수불용주책

善閉無關楗而不可開   선폐무관건이불가개

善結無繩約而不可解   선결무승약이불가해

是以聖人 常善求人 故無棄人   시이성인 상선구인 고무기인

常善救物 故無棄物 是謂襲明   상선구물 고무기물 시위습명

故善人者 不善人之師   고선인자 불선인지사

不善人者 善人之資   불선인자 선인지자

不貴其師 不愛其資 雖智大迷   불귀기사 불애기자 수지대미

是謂要妙   시위요묘

잘 다니면 바퀴 자국이 없고 말을 잘하면 허물을 남기지 않으며
계산을 잘하면 주산이 필요없다.
문단속을 잘하면 빗장을 안써도 열지 못하고
잘 묶으면 줄이 없어도 묶고 풀 수가 없다.

때문에 성인은 늘 사람을 잘 구하여서 사람을 버리지 않고
물건을 잘 구하여서 그것을 버리지 않으니
이것을 밝음을 물려받았다 한다.

때문에 사람에게 잘하는 사람은 잘 못하는 사람의 스승이고
잘 못하는 사람은 잘하는 사람의 자산이라.
그 스승을 귀히 여기지 않고 그 자산을 아끼지 않으면
비록 지혜가 있더라도 크게 미혹된다.
이를 묘함을 얻었다 한다.

轍 바퀴자국 철 **迹** 자취 적 **瑕** 허물 하 **謫** 결점 적 **數** 숫자 수
用 사용할 용 **籌** 산가지 주 **策** 대쪽 책 **閉** 닫을 폐 **關** 빗장 관
楗 문빗장 건 **開** 열 개 **結** 맺을 결 **繩** 줄 승 **約** 묶을 약
解 풀 해 **求** 구할 구 **棄** 버릴 기 **襲** 이을 습 **師** 스승 사
者 사람 자 **資** 자산 자 **愛** 사랑 애 **雖** 비록 수 **智** 지혜 지
迷 미혹할 미 **要** 적중할 요 얻을 요 **妙** 묘할 묘

28

흑과 백 黑白

이 장에서는 웅雄과 자雌, 백白과 흑黑, 영榮과 욕辱 등 반대되는 뜻의 글자들로 살아가는 방법이나 관점을 설명한다. 이들이 지닌 뜻은 정반대이지만 사실은 하나이다.

영광을 추구하는 사람에게는 늘 모욕이 뒤따른다. 깨끗하고자 하는 사람에게는 더러움이 문제가 되고, 남성처럼 되고자 하면 그 반대의 여성성의 문제가 떠오르기 마련이다.

칼 융의 심리학 이론 중에 그림자Shadows 이론이 있다. 우리의 의식 밑바닥에는 내가 의식하지 못하는 어두운 면이 늘 있다는 것이다. 내가 밝은 것처럼 열심히 사람들과 놀며 즐기다가, 집에 돌아가면 나의 그림자가 나타난다. 내가 보지 못했던 어두운 우울과 열등이 나의 밝음에서는 드러나지 않다가 혼자 있을 때 나타나는 것을 보게 된다.

세상도 이런 양면성이 있다. 밝음의 뒤에는 그림자가 있다. 거룩하다는 성직자들이 스스로의 깊은 곳에서 만나는 것은 자신의 어둡고 추한 면이다.

그 어둠을 나의 일부로 받아들이고 그 그림자를 정화하지 않으면 우리는 진정 밝음이 될 수 없다.

知其雄 守其雌 지 기 웅 수 기 자	웅雄을 알고 자雌를 지키면
爲天下谿 위 천 하 계	천하의 시내가 된다.
爲天下谿 위 천 하 계	천하의 시내가 되면
常德不離 상 덕 불 리	상덕常德이 떠나지 않고
復歸於嬰兒 복 귀 어 영 아	어린아이로 돌아간다.

여기서 웅雄과 자雌는 나의 밝은 면과 어두운 면을 가리킬 수도 있고 나의 좋은 면과 나쁜면 아니면 남성성과 여성성을 가리킬 수도 있다.

천하의 시내谿는 어린아이와 같다. 있는 그대로 순수하다. 순수해서 모든 오염물질을 다 받아들이지만 그것이 시내의 상덕常德이다.

성인의 상덕도 시내谿와 같아서 이를 모두 수용하고 어린아이처럼 순수하게 살아간다. 그것이 무위無爲의 삶이다.

知其白 守其黑 지 기 백 수 기 흑	백을 알고서 흑을 지키면
爲天下式 위 천 하 식	천하의 법도가 된다.
爲天下式 위 천 하 식	천하의 법도가 되면
常德不忒 상 덕 불 특	상덕은 어긋남이 없고
復歸於無極 복 귀 어 무 극	무극無極으로 돌아간다.

백을 알고서 흑을 지킨다는 것은 깨끗함을 알고서 더러움을 지킨다는 의미이다. 앞에서 언급한 것처럼 우리 존재의 내면에는 거룩함과 반대되는 추함과 악함이 숨어있다.

사람들은 세상을 흑백논리로 본다. 내가 옳으면 당신이 틀렸고 당신이 옳아도 나는 옳다고 여기는 것이 '에고'를 가진 사람들의 일반적인 심성이다.

그러나 성인의 마음은 상대방이 틀렸다 하더라도 그들을 다른 관점에서 본다. 그들이 틀렸다고 판단하지 않고 무지하다고 여기며 그들을 꾸짖지 않는다. 아직 의식이 덜 깨어났다고 여기는 것이다.

그런 성인의 마음은 마음 이전의 세계인 무극無極의 상태로 돌아가서 본래의 실상實狀 세계를 보는 것이다.

동양철학에서는 무극은 무나 공의 세계이고 그 무극에서 태극이 나고 태극에서 음양으로 분화하고 사상과 팔괘가 펼쳐진다고 이야기하는데 가장 근원의 세계가 바로 무극이다. 그 무극으로 되돌아간 사람은 그의 모든 일을 다 마쳤으니 이 세상에서 할 일이 없다. 그래서 노자는 이 세상을 뒤에 두고 본래의 고향으로 돌아간 것이다.

知其榮 守其辱 지 기 영 수 기 욕	영을 알고서 욕을 지키면
爲天下谷 위 천 하 곡	천하의 곡谷이 되는데
爲天下谷 위 천 하 곡	천하의 곡谷이 되면
常德乃足 상 덕 내 족	상덕常德이 족하여서
復歸於樸 복 귀 어 박	박樸으로 다시 돌아간다.

인간의 세상은 영榮과 욕辱의 세계이다. 영화榮華와 모욕侮辱이 서로 교차하면서 사람들은 각자의 삶을 살아간다. 누구나 영화로운 삶을 원하지만 삶에는 영화만 있는 것이 아니어서 수많은 욕된 삶을 지나가야 한다.

우리가 사는 이 지구는 영욕의 역사가 점철된 곳이다. 수많은 사람들은 꿈을 펴지도 못하고 힘들게 살다가 허무하게 죽어가기도 한다.

그러나 영욕榮辱을 그저 인간의 조건으로 받아들여 살아가게 되면 그 사람들은 천하의 곡谷이 되어서 상덕이 충분하고 박樸으로 되돌아가게 된다.

노자가 추구하는 삶은 박樸의 삶이다. 소박한 삶 가운데 자신의 존재 이유를 찾아서 그 근원으로 돌아가는 것이 우리 모든 영혼들의 궁극적 목표라고 노자는 이야기하고 있다.

樸散則爲器 박 산 즉 위 기	박樸이 쪼개지면 그릇이 되고
聖人用之 성 인 용 지	그것을 성인이 이용하여서
則爲官長 즉 위 관 장	수령官長이 된다.
故大制不割 고 대 제 불 할	그러므로 큰 다스림大制은 나누지 않는다.

박樸은 도경의 마지막 장인 37장의 주제이다.

우리는 박의 상태로 돌아가야 한다. 그 상태에서 때묻지 않고 가공되지 않은 순수한 박樸이 되며 성인은 그런 사람을 사용한다. 그렇게 해서 수령인 관장官長이 된다.

박과 같이 순수한 사람은 그가 크게 될 때까지 하늘에서 지켜보다가 그 마땅한 때에 사용한다. 그것이 세상에서 이름이 드러나거나 부를 얻지 못하더라도 하늘은 그런 영혼을 가장 높게 여겨서 가장 거룩한 곳에 사용한다.

知其雄 守其雌 爲天下谿　지기웅 수기자 위천하계
爲天下谿 常德不離 復歸於嬰兒　위천하계 상덕불리 복귀어영아

知其白 守其黑 爲天下式　지기백 수기흑 위천하식
爲天下式 常德不忒 復歸於無極　위천하식 상덕불특 복귀어무극

知其榮 守其辱 爲天下谷　지기영 수기욕 위천하곡
爲天下谷 常德乃足 復歸於樸　위천하곡 상덕내족 복귀어박

樸散則爲器 聖人用之　박산즉위기 성인용지
則爲官長 故大制不割　즉위관장 고대제불할

웅雄을 알고 자雌를 지키면 천하의 시내가 된다.
천하의 시내가 되면 상덕常德이 떠나지 않고 어린아이로 돌아간다.

백을 알고서 흑을 지키면 천하의 법도가 된다.
천하의 법도가 되면 상덕은 어긋남이 없고 무극無極으로 돌아간다.

영을 알고서 욕을 지키면 천하의 곡谷이 되는데
천하의 곡谷이 되면 상덕常德이 족하여서 박樸으로 다시 돌아간다.

박樸이 쪼개지면 그릇이 되고 그것을 성인이 이용하여서 수령官長이 된다. 그러므로 큰 다스림大制은 나누지 않는다.

雄 수컷 웅 雌 암컷 자 谿 시내 계 嬰 어린아이 영 兒 아이 아 式 법도 식
忒 어긋날 특 極 지극할 극 谷 계곡 곡 足 만족할 족 樸 빽빽할 박 散 쪼갤 산
器 그릇 기 官 벼슬 관 長 어른 장 制 바로잡을 제 割 나눌 할

149

제5부

실상의 세계

우리는 지각을 통해서 세상을 인식한다. 그리고 그것을 진실이라고 생각한다.

그러나 우리가 보는 인식의 세계는 왜곡되어 있다. 지각은 진실을 반영하지 못하고 있다.

내가 보는 모든 것은 나의 '에고'가 보는 착각일 가능성이 많다.

내가 듣는 정보는 누군가가 꾸민 거짓 정보일 가능성이 높다.

내가 배운 지식은 왜곡된 누군가의 또 다른 '에고'에 의해서 가공된 경우도 흔하다.

에고들은 늘 자기가 옳다고 생각한다. 그래서 극우주의자들이 생겨나고 공산주의자들이 생겨난다. 또한 자신들이 믿는 종교적 가르침에 자신을 바친다. 그래서 전쟁을 하고 서로 죽이며 서로가 옳다는 정치세력들의 시끄러운 다툼소리들이 세상에 가득하다.

그러나 실상의 세계는 그런 사람들에게는 감추어져 있다. 진짜 세상을 보려면 세상을 이기는 것이 아니라 나를 이겨야 하는 것이다. 그러려면 끝없이 일어나는 내 마음의 생각들과 감정을 넘어서야 한다. 이 작업은 어찌보면 한 나라를 정복하는 일보다도 더한 노력이 필요하다.

그 잡을 수 없는 것을 잡아서 그 미묘함의 세계를 보려면 '에고' 나는 침묵해야 하고 '본래의 나'로 돌아가야 한다. 본래의 나로 돌아갈 때 우리는 참된 평화와 자유를 얻을 것이며 이 세상을 초월해서 궁극의 실상을 보고 그와 같이 될 것이다.

29

신령스러운 물건 神器

이 장에서는 신령스러운 기물器物에 대해서 논한다.
그 기물이 바로 도道이다.
사람들이 도를 잡고서 어찌 해보려고 하지만 그럴수록 도에서 멀어진다.

將欲取天下而爲之	장차 천하를 잡고서 무언가를 해보겠다고
장 욕 취 천 하 이 위 지	하지만
吾見其不得已	나는 그렇게 되는 것을 보지 못했다.
오 견 기 불 득 이	

천하를 취해서 정치를 하거나 세상을 개혁하고자 하는 사람들이 많다.
원대한 꿈을 품고서 세상을 다스려보고자 하지만, 그런 사람들 일수록
세상을 망쳐놓는다.

노자는 세상을 좋게 만들겠다고 하는 사람들에 대해서 좋지 않게 여겼
다. 공자가 찾아왔을 때도 노자는 공자가 세상을 바로잡으려는 것에 대
해서 비판적인 견해를 피력했다.

유럽에서도 그런 일들이 많았다. 종교개혁이라는 이름으로 루터가 나
섰지만 2백년간의 종교전쟁이 있었고 가톨릭에서 갈라져 나온 개신교가
가톨릭보다 더 훌륭하게 변했다고 보기도 어렵다.

'오직 성경'이라는 마틴 루터의 슬로건에 의해서 개신교가 태어났지만 오직 성경의 원리에 의해서 수많은 사이비들이 그들만의 교리를 주장하니 차라리 해석하지 않음만 못한 경우들도 너무나 많다.

세상에 나아가 자신이 해보겠다는 사람일수록 헛된 야욕과 자부심에 사로잡힌 거짓의 사람인 경우가 많다. 큰 나무는 존재 그 자체로서 세상에 평온과 휴식을 준다.

노자는 스스로 그런 성인이 되기를 꿈꾸고 그 시대에 유일하게 깨어난 사람이었지만 세상 사람들이 이를 알지 못하는 것을 알기에 세상에서 물러나 이름없는 노인으로 살다가 역사에서 사라져 버렸다.

天下神器 천 하 신 기	천하는 신령한 기물이니
不可爲也 불 가 위 야	작위爲할 수 없다.
爲者敗之 위 자 패 지	작위爲하는 자는 실패하고
執者失之 집 자 실 지	잡는 자는 놓친다.

여기서 위爲는 작위作爲의 의미에 가깝다. 어떻게 해보겠다는 의미이다.

그런데 천하는 사람들이 어찌할 수 없는 신령스런 물건이다. 그것을 자신의 의지나 노력으로 어찌할 수 있다는 착각으로 수많은 개혁가들이 나섰지만 그들이 없음만 못한 경우도 참으로 많다.

최고의 물리학자였던 뉴턴은 물리학 제1법칙부터 제3법칙까지를 발견한 최고의 천재였지만 주식 투자에서는 실패했다. 그런데 우리 삶은 주식과는 비교가 안되게 복잡한 복잡계이다. 그리고 그런 수많은 인간들이 모여 사는 세상은 훨씬 더 복잡하고 상상할 수 없는 변수들이 작용하고 있다.

탐욕이 세상을 휩쓸고 가면 부자들과 가난한 사람들로 나뉘는 것 같지만 또 다른 보이지 않는 힘에 의해서 그들의 삶은 변화한다.

영고성쇄, 영화와 괴로움은 성하고 쇄하기를 반복한다.

작위作爲로서 하고자 하는자는 실패하기 마련이고 돈을 쫓아가는 자는 놓치기 마련이다. 그것이 이 세상이다. 세상을 개혁하겠다는 굳은 뜻은 좋지만 그것이 작위作爲가 아닌 무위無爲의 자연스러움이 되어야만 세상이 제대로 변화하는 것이다.

故物或行或隨 고 물 혹 행 혹 수	그래서 일이 앞서기도 하고 따르기도 하며
或歔或吹 혹 허 혹 취	숨을 내쉬기도 하고 들이마시기도 하며
或强或羸 혹 강 혹 리	강건하기도 하고 연약하기도 하며
或挫或隳 혹 좌 혹 휴	꺾이기도 하지만 무너지기도 한다.

행行은 앞섬이고 수隨는 뒤따름이라. 허는 내쉼이요, 취는 들이쉼이다. 사람은 강건하기도 하고 연약하기도 하며, 남을 꺾기도 하지만 무너지기도 한다. 사람의 삶은 부침浮沈이 있다. 그리고 인생 최고의 순간에 가장 비극적인 일이 닥치는 것이 삶이다. 가장 비극적인 삶 속에서 최고의 평온과 깨달음을 얻을 수 있다. 그래서 천국과 지옥은 종이 한 장 차이라고 하였다.

선불교 선사禪師인 3조 승찬은 〈신심명信心銘〉에서 이런 말을 마음에 새겨서 믿으라고 말한다.

至道無難 唯嫌揀擇　　지도무난 유혐간택

但莫憎愛 洞然明白　　단막증애 통연명백

지극한 도를 얻는 것은 어렵지 않나니 다만 분별함을 싫어함이라.

다만 미워하지도 사랑하지도 않으면 확연히 통하여 명백해진다.

깨달은 이들은 우리 삶의 흐름에서 좋고 싫음을 그저 오는 대로 받아들이는 것이 최고의 삶이라고 이야기한다.

是以聖人　　　때문에 성인은
시 이 성 인

去甚去奢去泰　심한 것과 거만함과 교만함을 피한다.
거 심 거 사 거 태

심甚과 사奢은 지나침이다. 태泰는 안이함이다. 지나침도 안일함도 성인은 따르지 않는다. 매 순간 그 하나하나에 정성精誠을 다해서 행해 나간다.

생명은 어디에 있을까? 생명은 100년 동안에 걸쳐서 있을까? 아니면 깨어있을 동안에만 있을까? 혹은 내 의식이 진정 깨어 있는 순간에만 있을까?

생명은 내 의식이 깨어서 스스로를 알아차리는 순간에만 있다. 다른 시간에는 살아있어도 내가 산 것이 아니다. 숨을 들이마실 때 그 호흡에 의식의 깨어있음을 알아차리고, 숨을 내쉴 때 그 내쉼을 나의 마음이 알아차리고 있으며 나는 진정 살아있는 것이다.

이것이 바로 살아있는 사람들의 의식의 상태이다. 종교를 떠나서 혹은 가르침을 떠나서 내가 제대로 깨어 있을 때에만 나는 살아있는 것이다.

將欲取天下而爲之 吾見其不得已

장욕취천하이위지 오견기불득이

天下神器 不可爲也

천하신기 불가위야

爲者敗之 執者失之

위자패지 집자실지

故物或行或隨 或歔或吹

고물혹행혹수 혹허혹취

或强或羸 或挫或隳

혹강혹리 혹좌혹휴

是以聖人 去甚去奢去泰

시이성인 거심거사거태

장차 천하를 잡고서 무언가를 해보겠다고 하지만
나는 그렇게 되는 것을 보지 못했다.
천하는 신령한 기물이니 작위할 수 없다.
작위하는 자는 실패하고 잡는 자는 놓친다.

그래서 일이 앞서기도 하고 따르기도 하며
숨을 내쉬기도 하고 들이마시기도 하며
강건하기도 하고 연약하기도 하며 꺾이기도 하지만 무너지기도 한다.
때문에 성인은 심한 것과 거만함과 교만함을 피한다.

敗 실패할 패 執 잡을 집 歔 숨내쉴 허 吹 숨들이마실 취 羸 연약할 리 挫 꺾을 좌
隳 무너뜨릴 휴 去 피할 거 甚 심할 심 奢 거만할 사 泰 교만할 태

30

억지로 하지말라 勿强

이 장에서는 도가 아님에 대해서 설명한다. 도는 저절로 펼쳐진다.
무력이나 강제에 의해서 잠시 도의 흐름을 막을 수는 있으나 도는 물과 같아서
높은 곳에서 낮은 곳으로 흘러간다.
사람이 그 흐름을 막을 수 없다. 인류의 역사가 '에고'라고 부르는 동물 본성에
의해서 이제까지 왜곡되어 왔고 앞으로도 상당한 기간 동안 진리를 왜곡하고
욕심을 위해서 나쁜 짓을 하는 일들이 벌어지겠지만 언젠가는 진리와 도와
사랑이 가득한 곳이 될 것을 확신한다.

여기서 노자 당시 벌어졌던 도가 아닌 것들에 대해서 들어보자.

以道佐人主者
이 도 좌 인 주 자

도로 임금을 보좌하는 사람은

不以兵强天下
불 이 병 강 천 하

군사로써 천하를 강권해서는 안된다.

其事好還
기 사 호 환

그 일은 되돌아오기가 쉽다.

師之所處
사 지 소 처

군사가 머물렀던 곳에는

荊棘生焉
형 극 생 언

가시가 자라고

大軍之後
대 군 지 후

대군이 떠나간 자리에는

必有凶年
필 유 흉 년

필시 흉년이 있다.

사람들은 법과 원리원칙을 따지면서 수많은 법들을 만들어 낸다. 그러나 그 법의 잣대는 약한 사람들에게만 강하고 강한자들에게는 매우 약하다.

군사나 경찰로 다스리는 나라의 백성들의 삶은 고단하다. 백성들이 서로 사랑하고 배려하는 곳이 되어야 하는데 임금이 법 위에서 법을 내걸고 백성들을 핍박하니 사람들의 삶이 힘들다.

善有果而已 선 유 과 이 이	선함은 결과로서 생기는 것이니
不敢以取强 불 감 이 취 강	억지로 취하지 마라.
果而勿矜 과 이 물 긍	결과가 있어도 뽐내지 말고
果而勿伐 과 이 물 벌	결과가 있어도 자랑하지 마라.
果而勿驕 과 이 물 교	결과가 있다고 교만하지 말며
果而不得已 과 이 불 득 이	결과는 부득이 취하여야 하며
果而勿强 과 이 물 강	결과는 억지로 취하지 말라.

억지로 행하는 것은 결국에는 그 힘이 약해져서 무너진다. 우리 삶에서 강한 의지가 중요하지만 그것보다 더 중요한 것은 순리에 따른 삶이다. 순리에 따라 봄이 오니 꽃이 피고 여름의 뜨거운 햇볕에 의해서 열매

가 익어가며 가을의 서늘함 가운데서 열매를 맺는 것이 자연의 이치이다. 그리고 겨울이 되면 자연은 휴식의 시간으로 돌아간다. 과도한 욕심으로 행한 삶의 모든 것들은 결국에는 헛된 열매만을 맺는다는 것을 우리는 주변에서 수도 없이 목격한다.

우리는 자연의 순리대로 살아가야 한다. 서로 사랑하고 배려하며 서로에게 친절한 것, 그것이 우리가 이땅에서 살아가는 방식이 되어야 한다.

物壯則老
물 장 즉 로

사물이 왕성한즉 노쇠해지기 마련이니

是謂不道
시 위 불 도

이를 부도不道라 한다.

不道早已
불 도 조 이

부도不道는 일찍이 끝난다.

사람들은 주식이 오른다는 소식에 뛰어들었다가 많은 손해를 본다. 부동산이 한창일 때 상투를 잡는 사람들이 많다. 주식이나 부동산은 사람의 눈을 자극해서 욕심을 불러일으키나 그것이 행복은 아니다. 세상을 가장 올바르게 사는 방법은 욕심없이 있는 자리에서 자신의 삶을 열심히 살면서 타인을 배려하고 여러 사람들에게 연민을 가지고서 살아가는 것이다.

이 땅에서 부당한 수단으로 재산을 불리고 욕심을 일으켜서 부유하게 사는 것을 인생의 목표로 삼는 것은 너무나도 흔한 일이지만 노자의 말을 유추해 보면 그런 것들은 도가 아니다. 이 땅에서 영원히 살 수 없는 사람들이라면 더 큰 것을 목표로 하여야 한다.

　이 장은 세상의 지자智者들에게 주는 말이다. 세상을 다스릴 때 억지로 하지 말고 세상의 순리에 따라서 취할 것을 취하라는 말이다. 부득이하게 그것이 나에게 주어졌을 때 취하면 그것은 모두에게 도움을 주나 내가 억지로 취한다면 그것은 많은 사람들의 원성을 사고 결국에는 일찍 끝난다는 경고의 글이다.

以道佐人主者　　　　　이도좌인주자

不以兵强天下　　　　　불이병강천하

其事好還　　　　　　　기사호환

師之所處 荊棘生焉　　　사지소처 형극생언

大軍之後 必有凶年　　　대군지후 필유흉년

善有果而已 不敢以取强　선유과이이 불감이취강

果而勿矜 果而勿伐　　　과이물긍 과이물벌

果而勿驕 果而不得已　　과이물교 과이불득이

果而勿强　　　　　　　과이물강

物壯則老 是謂不道　　　물장즉로 시위불도

不道早已　　　　　　　불도조이

도로써 임금을 보좌하는 사람은 군사로써 천하를 강권해서는 안된다.

그 일은 되돌아오기가 쉽다.

군사가 머물렀던 곳에는 가시가 자라고

대군이 떠나간 자리에는 필시 흉년이 있다.

선함은 결과로서 생기는 것이니 억지로 취하지 마라.

결과가 있어도 뽐내지 말고 결과가 있어도 자랑하지 마라.

결과가 있다고 교만하지 말며 결과는 부득이 취하여야 하며

결과는 억지로 취하지 말라.

사물이 왕성한즉 노쇠해지기 마련이니 이를 부도不道라 한다.

부도不道는 일찍이 끝난다.

佐 도울 좌 强 강할 강 好 좋을 호 還 돌아올 환 荊 가시 형 棘 가시 극
凶 흉할 흉 果 결과 과 敢 감히 감 勿 말 물 矜 뽐낼 긍 伐 자랑할 벌
驕 교만할 교 壯 굳셀 장 早 일찍 조 已 끝날 이

상서롭지 못한 것 不祥

노자는 평화주의자였다. 춘추전국시대의 많은 전쟁을 보면서 영토를 위해서 혹은 권력을 위해서 힘을 과시하며 백성을 착취하는 것을 수도 없이 목격하였을 것이다.

그런 가운데서 진정 아름다운 삶이 무엇인지 지자智者들에게 교훈의 말을 주지만 그들이 알아들으리라는 기대는 하지 않았을 듯하다.

夫佳兵者 부 가 병 자	모름지기 군사를 다루는 사람은
不祥之器 불 상 지 기	무기를 상서롭다 하지 않으니
物或惡之 물 혹 오 지	그것을 싫어할지도 모른다.
故有道者不處 고 유 도 자 불 처	때문에 도를 가진 자는 그것을 맡지 않는다.

佳는 아름답다는 의미이다. 군사를 아름답다 하는 것은 결국 군사를 다루는 사람을 의미한다. 이런 사람이 무기를 상서롭다 여기지 않는 것이 중요하다. 무기를 상서롭게 여겨서 그것을 써먹을 생각을 한다면 결국 살생을 마음에 품는 것이다.

무기를 상서롭다 여기지 않고 싫어하는 것이 군사를 다루는 사람이란 것은 역설적인 말이다. 군사를 훈련하고 조련하는 것이 장군의 임무이지만 그것은 방어적 의미에서 이루어져야 한다.

그리고 도를 추구하는 사람은 그런 일에 종사하지 않는 것이 맞다. 그런 일에 종사하면 결국 살상에 관련된 일에 연류될 가능성이 높아지기 때문이다.

君子居則貴左 군 자 거 즉 귀 좌	군자는 거居에서는 좌左를 중히 여기고
用兵則貴右 용 병 즉 귀 우	용병에는 우右를 귀히 여기는데
兵者不祥之器 병 자 불 상 지 기	군사라는 것이 상서롭지 못한 기물이고
非君子之器 비 군 자 지 기	군자의 무기가 아니기에
不得已而用之 불 득 이 이 용 지	어쩔 수 없이 그것을 사용하며
恬淡爲上 염 담 위 상	염담恬淡을 최고로 여긴다.

여기에 좌와 우라는 말이 나온다. 조선시대에는 영의정을 포함해서 좌의정과 우의정 등 3정승이 나라의 중요한 일을 결정하니 신권臣權정치와 왕권王權정치의 균형을 이루면서 왕을 견제하는 역할을 하였다. 이 중에서 좌의정을 우의정보다 더 높이 여겼다. 좌의정과 우의정은 여러 벼슬아치들을 통솔하고 행정을 총괄하는 역할을 하였지만 좌의정을 우의정보다 높인것은 노자 시대 이전부터 내려온 오랜 전통이었다.

여기서 좌와 우는 각각 문文과 무武를 가리킨다. 노자의 경우도 무武보다는 문文을 더욱 중요시 여겼다. 무武는 어쩔 수 없는 전쟁의 때에만 사용하는 것이라고 여긴 것이다.

염담恬淡이라는 단어에서 염恬은 편안하다는 뜻이니 염恬의 반대는 편안하지 못함, 즉 바쁘고 번거로운 현대인의 삶이다.

담은 담백하다는 뜻이니 재미있고 즐거운 삶과 반대되는 단순하고도 조용한 삶을 말하는 것이다.

세상 일에 휩쓸려서 복잡하고 고단한 삶을 살다보면 우리는 목적도 방향도 없는, 눈에 보이는 것만을 추구하는 말초적 삶을 살게 되니 노자는 단순하면서도 담백한 삶을 살라고 말한다.

勝而不美 승 이 불 미	이긴 것을 좋아하지 않는데
而美之者 이 미 지 자	이겼다는 것은
是樂殺人 시 락 살 인	사람 죽인 것을 즐거워하는 것이고
夫樂殺人者 부 락 살 인 자	모름지기 사람 죽이는 것을 즐기는 사람은
則不可得志於天下矣 즉 불 가 득 지 어 천 하 의	천하에 뜻을 두어서는 안된다.

사람들은 전쟁에서는 무조건 이겨야 한다고 생각한다. 사랑에서도 또한 무조건 쟁취하고 얻어야 한다고 생각한다. 전쟁이나 사랑은 인간이 맞닥뜨리는 가장 실존적인 상황이다.

그 상황에서 우리는 이기고 쟁취하는 것을 최고로 여긴다. 그러나 전쟁에서조차도 상대를 죽이는 것을 즐겨하지 않고, 삶에서도 성공을 위해서 모든 것을 거는 것을 즐겨하지 않는 것이 중요하다.

성공하고 실패하고 하는 것은 우리가 매일매일의 삶에서 맞닥뜨리는 것이다. 어제는 좋은 일이 있었고 오늘은 나쁜 일이 있으나 그것이 우리의 삶이니 승과 패에 연연해서 삶을 심각하게 살 필요는 없다. 그저 하루하루 일어나는 모든 일에 감사하면서 살아가는 것이 진정으로 잘 사는 길이다.

吉事尙左 길 사 상 좌	기쁜 일은 좌左를 숭상하고
凶事尙右 흉 사 상 우	나쁜 일은 우右를 숭상한다.
偏將軍居左 편 장 군 거 좌	편장군은 왼쪽에 거하고
上將軍居右 상 장 군 거 우	상장군은 오른쪽에 거하는데
言以喪禮處之 언 이 상 례 처 지	상례喪禮로써 임하라고 말한다.

세상에는 기쁜 일과 슬픈 일이 많다. 그 중에서 가장 슬픈 일은 죽음과 관련된 것들이다. 특히 전쟁을 통해서 서로 살인을 저질러온 인류의 역사를 보면 인간의 정신에는 뿌리 깊은 동물적 본성이 있고 악한 에고의 속성이 있다.

인간은 남에게 지는 것을 가장 싫어한다. 남에게 지느니 죽음을 택한다며 유럽에서는 칼로 결투를 하였고 미국에서는 총으로 결투를 하였다.

인간의 이런 속성에 대해서 노자는 사람 죽이는 것을 상례喪禮로써 임하라고 말한다. 전쟁의 이면에 있는 인간 정신의 잔인함을 다스리는 것은 종교나 윤리를 통해서도 안된다.

인간 스스로 존재의 본질에 대한 깊은 통찰 없이는 잔인한 역사는 끝날 수 없다. 우리는 그 본질의 일부를 노자를 통해서 배운다. 노자의 마음은 연민과 사랑의 마음이다. 백성들을 사랑하는 마음으로 다스리라고 말한다. 예수는 오른뺨을 때리면 왼뺨도 대라고 했다. 나를 모욕하는 자를 향한 사랑만이 이 세상을 적대에서 해방할 수 있다.

殺人之衆 살 인 지 중	많은 사람을 죽이는 것을
以哀悲泣之 이 애 비 읍 지	애통해 하고 슬퍼하며 눈물 흘리고
戰勝以喪禮處之 전 승 이 상 례 처 지	전쟁에서 이기는 것은 상례喪禮로 임해야 한다

우리 마음 속에서 일어나는 분노의 감정은 살인이라도 저지를 것처럼 솟아 오를 때가 있다. 이를 막을 유일한 방법은 사랑이다. 모든 이들이 어쩔 수 없이 그렇게 한다는 연민의 마음을 품고서 세상을 바라보면 분노나 억울함 같은 파괴적 마음에서 훨씬 더 자유로워 질 수 있다.

사람들은 자신이 옳다는 신념으로 살아간다. 그 신념이 세상을 파괴하는 것이다. 정치가 그렇고 도그마로 무장한 종교가 아직도 세상의 일

부를 지배하고 있다. 그런 신념과 도그마를 해체해야만 이 지구에 진정한 평화가 온다. 만민이 서로의 처지를 이해하고 자신의 생각이 반드시 옳지만은 않다는 것을 아는 것이 중요하다. 옳다하더라도 평화를 위해서 혹은 너 큰 대의를 위해서 연민의 마음을 가지는 것이 진정 나 자신을 위한 것이고 인류가 고통에서 벗어나는 길이며 깨달음과 구원에 이르는 지름길 임을 알아야 한다.

夫佳兵者 不祥之器 物或惡之	부가병자 불상지기 물혹오지
故有道者不處	고유도자불처
君子居則貴左 用兵則貴右	군자거즉귀좌 용병즉귀우
兵者不祥之器 非君子之器	병자불상지기 비군자지기
不得已而用之 恬淡爲上	불득이이용지 염담위상

勝而不美 而美之者 是樂殺人　승이불미 이미지자 시락살인

夫樂殺人者 則不可得志於天下矣　부락살인자 즉불가득지어천하의

吉事尙左 凶事尙右　길사상좌 흉사상우

偏將軍居左 上將軍居右　편장군거좌 상장군거우

言以喪禮處之 殺人之衆　언이상례처지 살인지중

以哀悲泣之 戰勝以喪禮處之　이애비읍지 전승이상례처지

모름지기 군사를 다루는 사람은 무기를 상서롭다 하지 않으니 그것을
싫어할지도 모른다. 때문에 도를 가진 자는 그것을 맡지 않는다.
군자는 거居에서는 좌左를 중히 여기고 용병에는 우右를 귀히 여기는데
군사라는 것이 상서롭지 못한 기물이고 군자의 무기가 아니기에
어쩔 수 없이 그것을 사용하며 염담恬淡을 최고로 여긴다.

이긴 것을 좋아하지 않는데 이겼다는 것은 사람 죽인 것을 즐거워하는 것
이고 모름지기 사람 죽이는 것을 즐기는 사람은 천하에 뜻을 두어서는 안
된다.
기쁜 일은 좌左를 숭상하고 나쁜 일은 우右를 숭상한다.
편장군은 왼쪽에 거하고 상장군은 오른쪽에 거하는데 상례喪禮로써 임하
라고 말한다. 많은 사람을 죽이는 것을 애통해 하고 슬퍼하며 눈물 흘리고
전쟁에서 이기는 것은 상례喪禮로 임해야 한다.

佳 아름다울 가 兵 군사 병 祥 상서로울 상 或 혹 혹 惡 미워할 오
恬 편안할 염 淡 맑을 담 勝 이길 승 樂 즐길 락 殺 죽일 살
矣 어조사 의 吉 길할 길 尙 숭상할 상 偏 치우칠 편 軍 군사 군
喪 잃을 상 禮 예절 례 悲 슬퍼할 비 泣 울 읍 戰 싸움 전

강과 바다처럼 江海

강에서 모인 물은 흘러서 바다로 들어간다. 도도 그렇다. 도는 저절로 흘러서
가장 깊고도 큰 곳으로 흘러간다. 우리의 삶도 결국에는 큰 바다와 같은
진리의 세계에 이르러야 한다.
그런 바다에 이르려면 우리는 삶이 흐르는 대로 흘러가야 한다. 가장 소박한
삶 속에 진리에 이르는 길이 있다.

道常無名	도는 늘상 이름을 붙일 수 없는 것인데
도 상 무 명	
樸雖小	소박하여서 비록 작지만
박 수 소	
天下莫能臣也	천하가 신하로 삼을 수 없다.
천 하 막 능 신 야	

　박樸은 노자의 무위의 본질을 나타내는 단어이다. 소박하고 단순함 속
에 도가 있고 진리와 사랑과 평화가 있다. 세상의 모든 악과 갈등은 소박
하지 않은 생각, 의견, 견해, 도그마, 종교에서 나온다.

　그러나 박樸은 세상의 그 무엇으로도 굴복시킬 수 없는 도의 본질이다.

　도는 아주 단순하고 명확하다. 통나무처럼 다듬어지지 않은 듯하지만
천하가 마음대로 할 수 없다.

侯王若能守之 후 왕 약 능 수 지	만약에 제후나 왕이 도를 지킬 수 있다면
萬物將自賓 만 물 장 자 빈	만물이 스스로 복종할 것이고
天地相合 천 지 상 합	천지가 서로 화합하여서
以降甘露 이 강 감 로	감로甘露를 내릴 것이니
民莫之令而自均 민 막 지 령 이 자 균	백성에게 시키지 않아도 스스로 조절할 것 이다.

이슬은 땅과 하늘의 기운이 만나서 대기 중에 있는 수증기가 내려오는 것이다. 노자는 이를 비유하여서 감로甘露라는 말로 천지의 작용을 설명하였다.

감로甘露는 도의 은총이다. 도가 제대로 지켜질 때 왕과 제후가 이를 귀히 여기고 백성들이 도에 합하는 삶을 살아갈 때, 이 땅에는 신의 은총이 내릴 것이다. 서로 용서하고 서로를 위해서 양보하는 삶이 있을 때, 이 땅에 감로甘露가 내려서 백성들이 스스로 조절할 것이다.

이 글은 윗사람들에게 주는 말이지만 현대를 사는 지금 이 시대의 모든 이들에게 주는 말이다. 모두가 도와 합하는 삶을 살 때, 이 세상은 감로甘露가 내리는 거룩한 곳이 될 것이다.

공자는 적선지가 필유여경 적악지가 필유여앙積善之家 必有餘慶 積惡之家 必有餘殃이라고 하였다. 선을 쌓는 사람에게는 반드시 경사가 있고, 악을 쌓는 사람에게는 재앙이 내린다는 뜻이다. 이는 불교에서 말하는 카르마의 법칙이자 자연의 도이기도 하다. 아무도 이를 피해갈 수 없다. 살면서 우리가 지어낸 말과 생각과 행위는 그대로 나에게 돌아오는 것이 천지와 우주의 법칙임을 노자는 얘기하고 있다.

始制有名	비로소 다스려서 이름이 있도록 하지만
시 제 유 명	
名亦旣有	이름 또한 이미 있는 바
명 역 기 유	
夫亦將知止	모름지기 또한 그침을 알아야 할 것이다.
부 역 장 지 지	

비로소 이름을 지어서 수많은 분별을 하니 각각의 다른 이름들이 생겨나서 세상은 복잡해진다. 세상에 수많은 이름을 가져서 너와 나는 다르고 적국敵國과 아국我國이 생기고 좋은 것과 나쁜 것이 생긴다. 노자는 그러한 분별이 그쳐야 한다고 말하고 있다.

장將은 "~일(할) 것이다"라는 뜻이다.

知止可以不殆	그침을 알면 위험하지 않을 수 있으니
지 지 가 이 불 태	
譬道之在天下	비유하면 도가 천하에 있음은
비 도 지 재 천 하	
猶川谷之於江海	시냇물과 계곡이 강과 바다로 흘러감과 같다.
유 천 곡 지 어 강 해	

도는 없는 곳이 없다. 물이 계곡과 시내에서 흘러나와 바다로 가듯이

큰 도가 멀리 있는 듯하지만 시내와 강처럼 어디에나 있다. 도는 넓고도 넓다. 그것을 편재遍在라고 한다. 전지, 전능, 편재한 것이 신성神性의 속성이라고 얘기들을 한다. 도는 어디에나 있고 모든 것을 알고 모든 것을 할 수 있다.

이 구절에서는 도가 모두 하나One로 흘러감을 이야기한다. 이름 짓기를 그쳐서 모든 시내와 강이 바다로 흘러서 하나가 되듯이 되어야 한다. 이것을 하나임Oneness이라고 한다. 물방울 하나하나가 온 세상을 떠돌다가 결국에는 시내와 강을 거쳐서 바다로 돌아가듯이 모든 것은 근원이 하나이므로 그 근원으로 돌아간다.

우리도 결국에는 우리가 왔던 그 근원으로 돌아가야 한다. 이 땅에서의 복잡하고 고단한 삶을 마치면 우리는 원래의 근원으로 돌아가야 하는 것이다.

가이可以~는 "~ 하지 않을 수 있다"는 뜻이고, 비譬 A, 유猶 B는 "A를 B에 비유한다"는 뜻이다. 도가 천하에 있는 것을 시내와 계곡이 강으로 흘러감으로 비유하였다. 지之는 "간다"는 동사이다.

道常無名 樸雖小 天下莫能臣也
도상무명 박수소 천하막능신야

侯王若能守之 萬物將自賓　후왕약능수지 만물장자빈

天地相合 以降甘露 民莫之令而自均
천지상합 이강감로 민막지령이자균

始制有名 名亦旣有 夫亦將知止 시제유명 명역기유 부역장지지

知止可以不殆　　　　　　지지가이불태

譬道之在天下 猶川谷之於江海 비도지재천하 유천곡지어강해

도는 늘상 이름을 붙일 수 없는 것인데 소박하여서 비록 작지만
천하가 신하로 삼을 수 없다.
만약에 제후나 왕이 도를 지킬 수 있다면 만물이 스스로 복종할 것이고
천지가 서로 화합하여서 감로甘露를 내릴 것이니
백성에게 시키지 않아도 스스로 조절할 것이다.
비로소 다스려서 이름이 있도록 하지만 이름이 또한 이미 있는 바
모름지기 또한 그침을 알아야 할 것이다.
그침을 알면 위험하지 않을 수 있으니
비유하면 도가 천하에 있음은 시냇물과 계곡이 강과 바다로 흘러감과 같다.

雖 비록 수 莫 하지 말 막 侯 제후 후 若 만약 약 守 지킬 수 賓 손님 빈
相 서로 상 降 내릴 강 甘 달 감 露 이슬 로 令 시킬 령 均 조절할 균
始 비로소 시 制 다스릴 제 亦 또 역 旣 이미 기 將 장차 장 猶 같을 유

행복한 비움

33 자기를 이기는 자 自勝

노자의 가르침은 세상에서 도피하여 가늘고 길게 자신을 보존하는 것이라고 흔히들 생각한다.

그러나 노자는 그런 음陰적인 자세를 넘어서 우리가 우리의 본질과 존재로 돌아가야 한다고 말한다. 단순한 도피가 아닌 가장 양陽적인 배움의 의도를 나타내지만 도의 배움의 자세는 받아들이고 놓아버림이다.

세상과 싸우는 것이 아니라 세상에 지지않고 무너지지 않고 세상을 인내하고 견디어내는 자세를 강조하고 있다.

知人者智	남을 아는 것을 지혜라 하고
지 인 자 지	
自知者明	스스로를 아는 것을 밝다하며
자 지 자 명	
勝人者有力	남을 이기면 힘이 있다하고
승 인 자 유 력	
自勝者强	스스로를 이기면 강하다하고
자 승 자 강	
知足者富	만족을 아는 자는 부유하고
지 족 자 부	
强行者有志	굳세게 행하면 의지가 있고
강 행 자 유 지	
不失其所者久	그 있는 바를 잃지 않으면 오래 되고
불 실 기 소 자 구	
死而不亡者壽	죽어도 죽지 않는자 오래 산다.
사 이 불 망 자 수	

여기의 문장은 읽으면 대부분 이해가 된다.

여기서도 노자는 스스로를 알고 스스로를 이기고 만족을 알고 그 있을 자리를 잃지 않기를 사람들에게 말한다.

모든 문제는 나의 문제로 귀결된다.

법구경에 보면 "온 세상을 정복하는 것보다 내 마음을 정복하는 것이 더 어렵다"하였다. 우리의 궁극적 목적은 세상을 정복하는 것이 결코 아니다. 자신을 알고 자신을 이기는 것이다. 이때에 온 우주가 기뻐한다. 온 우주는 스스로를 이긴 자를 축복한다. 하늘의 천사들이 가장 기뻐하는 것은 스스로를 이긴 아름다운 영혼을 보는 것이다.

그런 사람은 죽어도 죽지 않는다. 영원히 산다. 영원히 살아서 온 우주의 기쁨이요, 평화가 된다.

知人者智 自知者明　　지인자지 자지자명

勝人者有力 自勝者强　　승인자유력 자승자강

知足者富 强行者有志　　지족자부 강행자유지

不失其所者久 死而不亡者壽　불실기소자구 사이불망자수

남을 아는 것을 지혜라 하고 스스로 아는 것을 밝다하며
남을 이기면 힘이 있다하고 스스로를 이기면 강하다하고
만족을 아는 자는 부유하고 군세게 행하면 의지가 있고,
그 있는 바를 잃지 않으면 오래 되고 죽어도 죽지 않는자 오래 산다.

富 부유할 **부 久** 오래될 **구 壽** 목숨 수

34

욕심 없음이여 無欲

어느 조직이나 대장노릇하기를 좋아하고 앞장서서 공을 세우려 하는 사람들이 많다. 그러나 도道는 주主가 되려고 하지 않는다. 도道는 그것이 천지자연의 법칙이기에 주인이라 말할 필요도 없이 존재 자체가 세상에 편재해 있기에 그저 있을 뿐이다.

大道氾兮
대 도 범 혜

큰 도의 넓음이여!

其可左右
기 가 좌 우

그것은 어디든 있으니

萬物恃之而生而不辭
만 물 시 지 이 생 이 불 사

만물이 의지하여 생겨나고 말이 없음이여,

功成不名有
공 성 불 명 유

일이 이루어져도 이름은 없어라.

衣養萬物而不爲主
의 양 만 물 이 불 위 주

만물을 의지하고 기르지만 주인노릇 하지 않고

常無欲
상 무 욕

늘 욕심이 없으니

可名於小
가 명 어 소

작다고 이름할 수 있고

萬物歸焉
만 물 귀 언

만물이 돌아오나

而不爲主 이 불 위 주	주인노릇 하지 않으니
可名爲大 가 명 위 대	크다고 이름할 수 있으나
以其終不自爲大 이 기 종 불 자 위 대	끝까지 스스로 크다고 하지 않으니
故能成其大 고 능 성 기 대	그 큼을 이룰 수 있다.

이 장은 대도大道를 추상적인 말로 풀어쓴 장이다. 대도, 즉 궁극의 진리 혹은 실상을 어떻게 말로 설명할 수 있겠는가? 노자가 본 그 세계를 설명할 길이 없으니 그저 추상적인 말로 이야기하고 있고 이를 읽는 독자들은 자신의 상상을 동원해 보지만 알 길이 없다.

누가 사과의 맛을 만 권의 책으로 설명한다 한들, 새콤하고 달콤하고 와삭와삭하면서 씹을 때의 촉촉하기도 한 그 맛을 어찌 알 수 있으랴. 만 권의 책이 단 한 번의 맛보기보다 못한 것이 도의 세계여서 나누어 줄 수도 없고 말로서 설명하기도 어려우니 인연 있고 뜻이 있는 자 만이 그 열매를 얻어갈 것이리라.

노자는 지자들이나 식자들이 조금이라도 알아듣기를 원했지만 아무도 못 알아들을 것을 알고서 애벌레들이 기어다니는 이 세계를 벗어나 짧은 글을 남기고 한 마리 나비가 되어 본래의 그 세계로 돌아갔으리라.

행복한 비움

大道氾兮

其可左右 萬物恃之而生

而不辭 功成不名有

衣養萬物而不爲主

常無欲 可名於小

萬物歸焉 而不爲主 可名爲大

以其終不自爲大 故能成其大

대도범혜

기가좌우 만물시지이생

이불사 공성불명유

의양만물이불위주

상무욕 가명어소

만물귀언 이불위주 가명위대

이기종불자위대 고능성기대

큰 도의 넓음이여!

그것은 어디든 있으니 만물이 의지하여 생겨나고

말이 없음이여, 일이 이루어져도 이름은 없어라.

만물을 의지하고 기르지만 주인노릇 하지 않고

늘 욕심이 없으니 작다고 이름할 수 있고

만물이 돌아오나 주인노릇 하지 않으니 크다고 이름할 수 있으나

끝까지 스스로 크다고 하지 않으니 그 큼을 이룰 수 있다.

氾 넘칠 범 **恃** 의지할 시 **辭** 말씀 사 **衣** 의지할 의 **養** 기를 양 **歸** 돌아올 귀

35

잡을 수 없음이여 大象

우리는 물질문명과 과학의 발달로 엄청난 혜택을 누리며 살아간다.
스마트폰과 구글링을 통해서 우리는 세상 곳곳의 정보를 얻어내고 탐험한다.
새로운 정보의 생산 속도는 상상을 초월하고 유용한 정보를 찾아내어
가공하고 처리하는 빅데이터의 시대도 열렸다.
그러나 많은 정보와 물질문명의 발달과는 반비례하여 삶의 진정한 의미를
알고 살아가는 사람은 드물다.
우리는 과연 무엇을 잡고서 살아야 하는가?

執大象天下往
집 대 상 천 하 왕

대상大象을 잡고서 세상에 나가면

往而不害安平大
왕 이 불 해 안 평 대

해를 입지 않고 안전하고 평화로움
이 크다.

樂與餌過客止
락 여 이 과 객 지

즐거움과 음식은 나그네를 멈추게
하나

道之出口 淡乎其無味
도 지 출 구 담 호 기 무 미

도가 나오는 곳은 담백하여서 맛이
없다.

視之不足見 聽之不足聞
시 지 부 족 견 청 지 부 족 문

보아도 보기 어렵고 들어도 들리지
않고

用之不足既
용 지 부 족 기

사용하기에도 어려운 것이다.

오직 그곳에 가본 사람만이 알 수 있는 것이 진리이고 사랑이고 평화
이다. 그것을 노자는 대상大象이라고 했으니 도道의 다른 이름이다.

세상에는 좋은 곳이 얼마나 많은가. 돈만 있으면 하고 싶은 것이 너무나도 많은 세상이다. 맛있는 것도 많으며 즐거운 곳에는 사람들로 가득하다.

그러나 도가 나오는 곳은 재미가 없다. 무미건조하다. 그곳에는 사람들이 모이지 않는다. 볼 수도 없고 들을 수도 없는 것. 그것은 세상에 써먹을 수도 없는 것이니 얼마나 재미 없겠는가! 그것은 찾아 본 사람만이 알 수 있는 것. 그것을 찾는 사람만이 대상大象이 무엇인지를 안다.

대상大象의 문자적 의미는 큰 코끼리라는 뜻이다. 중국에서 큰 코끼리는 보기 힘든 것이고 이름만 들었지 알 수 없는 것이었다. 그래서 노자는 도道의 또 다른 이름을 대상大象이라 하였고 대상이라는 상징적 단어를 사용해서 볼 수도 없고 들을 수도 없는 진리, 사랑, 평화를 표현한 것이리라.

세상에는 참된 평화가 없다. 아무리 찾으려고 해도 없다. 그래서 보아도 볼 수 없고 들으려해도 들을 수 없는 것이다. 오직 자신의 내면 속에서 무미건조함을 견디면서 깊고 깊게 들어가야만 하는 것이다.

181

執大象天下往 往而不害安平大
집대상천하왕 왕이불해안평대

樂與餌過客止 道之出口 淡乎其無味
락여이과객지 도지출구 담호기무미

視之不足見 聽之不足聞 用之不足旣
시지부족견 청지부족문 용지부족기

대상大象을 잡고서 세상에 나가면 해를 입지않고 안전하고 평화로움이 크다.

즐거움과 음식은 나그네를 멈추게 하나 도가 나오는 곳은 담백하여서 맛
이 없다.

보아도 보기 어렵고 들어도 들리지 않고 사용하기에도 어려운 것이다.

執 잡을 집 **象** 꼬끼리 상·모양 상 **往** 갈 왕 **害** 해로울 해 **安** 편안할 안
平 평평할 평 **樂** 즐길 락 **與** 함께 여 **餌** 음식 이 **過** 지날 과 **客** 나그네 객
淡 담백할 담 **聽** 들을 청 **聞** 들을 문

182
행복한 비움

36

미묘한 깨달음 微明

채워도 채워도 부족함이 인간의 탐욕이어서 우리는 끝없이 커지기를 원한다. 그리고 계속 앞으로만 나가기를 원한다. 그러나 우리는 그 반대의 과정을 거쳐서 연단되어야 하며 어둠의 밤을 거쳐야 한다.

將欲歙之 必固張之 장 욕 흡 지 필 고 장 지	줄어들려면 먼저 창대해야 하고
將欲弱之 必固强之 장 욕 약 지 필 고 강 지	약해지려면 잠시 강해져야 한다.
將欲廢之 必固興之 장 욕 폐 지 필 고 흥 지	없어지려면 일단 흥해야 하고
將欲奪之 必固與之 장 욕 탈 지 필 고 여 지	빼앗으려면 먼저 주어야 한다.
是謂微明 시 위 미 명	이것을 일러 미명微明이라고 한다.

미명微明은 미묘한 밝음이다. 이 밝음은 모든 것을 다 버린이 만이 얻을 수 있음이다. 노력에 의해서 얻을 수 있음도 아니요, 지식에 의해서 얻을 수 있음도 아니다. 자신을 그 무위와 하나되게 하여 모든 것을 비우고 내려놓을 때 가능하다.

제5부 실상의 세계

여기서 노자가 좋게 여기는 것은 장張, 강强, 흥興, 탈奪의 창대하고 강인하고 흥하고 빼앗는 상태가 아니라 흡歙, 약弱, 폐廢, 여與의 줄어들고 약하고 폐하고 나누는 상태를 말한다. 세상에서 추구하는 것과는 정반대이다.

노자의 말은 역설처럼 들린다. 여기서 대상은 타인을 상대로 하는 것처럼 읽히지만 실상은 나 자신이다. 내가 펼쳐지는 것이 아니라 오므려져야 하고, 나 자신이 세상에서 강해지는 것이 아니라 약해져야 하는 것을 말한다. 흥하는 것이 아니라 폐하여져야 하며, 주는 것이 아니라 빼앗겨져야 한다고 노자는 말하는 것이다.

그것이 미묘한 밝음이다. 나는 더 이상 가질 것도, 얻을 것도, 흥할 것

행복한 비움

도, 강해질 것도 없는 상태가 되어야만 진정한 상태에 도달할 수 있다. 이것이 노자가 얘기하는 성인의 삶이고 상태이다.

그것은 보통사람들로서는 이해가 되지 않는 부분이다. 마지막 장에서 보면 그 의미가 더 명확해진다. 노자의 마지막 단어는 박樸이다. 소박함의 상태로 돌아가는 것, 무위의 궁극적인 상태는 세상에서 우뚝 서는 것이 아니라 세상에서 있는 듯, 없는 듯 깊은 산 속의 한그루 나무로 살아가는 것이다.

그때에서야 비로소 성인이 다듬어지지 않은 그 목재를 사용할 수 있으며 하늘이 필요하면 그 사람을 쓸 수 있는 것이다.

柔弱勝剛强 유 약 승 강 강	부드럽고 약한 것이 굳세고 강한 것을 이기며
魚不可脱於淵 어 불 가 탈 어 연	물고기가 연못에서 벗어날 수 없는 것 같이
國之利器 국 지 리 기	나라의 날카로운 무기를
不可以示人 불 가 이 시 인	사람들에게 보여서는 안된다.

유약한 것이 굳건함을 이긴다. 노자의 도는 성공하고 출세하는 등 세상에서의 흥함을 나쁜 것으로 보았다. 그래서 약함을 추구한다. 이 장에는 노자의 미묘한 가르침이 있다. 그것에 대한 깨달음을 미명微明이라고 한다.

강하게 자신의 의지로 무엇을 얻겠다는 의도를 내어도 사실 얻을 것은

없다. 물고기가 물 밖의 아름다운 경치를 보고 욕심을 내어 물 밖으로 나간다면 숨을 헐떡이다 죽을 것이다.

나라에서 돈 버는 방법을 사람들에게 보여주면 사람들이 벌떼처럼 달려들어서 그들의 생명을 스스로 끊어버린다.

부동산이니 다단계니 해서 떼돈 버는 것을 보고 사람들은 눈이 멀어서 스스로 헐떡이는 지옥같은 현장에 뛰어들어 결국은 자신의 물질뿐만 아니라 영혼까지도 팔아먹는 비극적인 일들이 벌어지고 있다.

그래서 노자는 그런 창대함과 강함과 흥함 보다는 유약함이 더 낫다고 얘기한다. 욕심에 의해서 스스로를 망치지 말라고 목복目腹의 장에서 얘기한 것을 여기서 또 다시 얘기한다. 우리는 약함으로써 강함을 이기고 짐으로써 이기는 것이다.

將欲歙之 必固張之　　　장욕흡지 필고장지

將欲弱之 必固强之　　　장욕약지 필고강지

將欲廢之 必固興之　　　장욕폐지 필고흥지

將欲奪之 必固與之　　　장욕탈지 필고여지

是謂微明　　　　　　　시위미명

柔弱勝剛强 魚不可脫於淵　유약승강강 어불가탈어연

國之利器 不可以示人　　　국지리기 불가이시인

줄어들려면 먼저 창대해야 하고 약해지려면 잠시 강해져야 한다.

없어지려면 일단 흥해야 하고 빼앗으려면 먼저 주어야 한다.

이것을 일러 미명微明이라고 한다.

부드럽고 약한 것이 굳세고 강한 것을 이기며

물고기가 연못에서 벗어날 수 없는 것 같이

나라의 날카로운 무기를 사람들에게 보여서는 안된다.

歙 줄어들 흡 · 들이쉴 흡　**固** 굳을 고 · 진실로 고　**張** 성할 장
弱 약할 약　**廢** 폐할 폐　**興** 흥할 흥　**奪** 빼앗을 탈

37 본래의 나樸

우리는 흔히 소박素樸하다는 말을 쓴다. 성격이나 겉모습을 꾸미지 않고 있는 그대로의 모습을 소박하다고 한다. 소素는 색을 물들이지 않은 옷감이다. 그래서 흰색 옷을 소복素服이라고 부른다.

박樸은 가공되지 않은 통나무이다. 노자의 마지막 장이 가공되지 않은 통나무 혹은 순박함으로 끝이 난다는 것은 의미가 있다.

道常無爲而無不爲
도 상 무 위 이 무 불 위

도는 늘 무위이며 안되는 것이 없다.

侯王若能守之
후 왕 약 능 수 지

제후나 왕이 이를 지키면

萬物將自化
만 물 장 자 화

만물이 스스로 될 것이다.

化而欲作
화 이 욕 작

저절로 되는데 욕심을 내면

吾將鎭之以無名之樸
오 장 진 지 이 무 명 지 박

나는 그것을 무명의 박樸으로 누를 것이다.

無名之樸
무 명 지 박

무명의 박樸은

夫亦將無欲
부 역 장 무 욕

모름지기 욕심이 없으니

不欲以靜
불 욕 이 정

욕심내지 않고 고요히 하면

天下將自定
천 하 장 자 정

천하가 스스로 평화롭게 될 것이다.

이 세상은 논리와 이성이 다스리고 계획하고 준비하여 일을 이루는 공간과 시간의 세상이다. 그래서 사람들은 애쓰고 다스리고 일해야 하는 것으로 생각한다.

그러나 노자는 무위를 도경道經의 마지막 장에서 또 언급한다. 무위는 애쓰지 않고 저절로 일이 진행되도록 한다는 의미이다. 이치에 맞으면 저절로 일은 굴러간다. 다스리는 자들도 마찬가지이다. 천지자연의 이치에 맞게 다스리면 저절로 일이 될 것이지만 욕심을 내어 일을 하다보면 오히려 일이 더 어그러지고 잘못된 방향으로 가게 되는 경우가 많다.

사람들이 계획대로 성취를 이룬다면 크게 성공하고 부도 이루고 명예와 영광도 얻을 것이지만 참으로 성공하는 사람은 드물다. 스스로 계획

하고 노력하는 자들에게 노자는 박樸, 즉 통나무처럼 소박함을 요구한다. 복잡하게 계획하지 않고 단순하고 명쾌한 것 안에서 진정한 도道를 찾기를 원한다.

세상의 일이 이렇게 단순함 속에 성공이 있듯이 도道의 세계는 단순하다. 간디는 말했다.

나는 그 길을 안다. 그 길은 곧고 좁다. 그 길은 칼날처럼 날카롭다. 나는 그 길 위를 걷는 것이 기쁘다. 내가 미끄러질 때, 나는 눈물을 흘린다. 신의 말씀은 "분투하는 사람은 멸망치 않을 것이다."라는 것이다. 나는 그 약속에 절대적 믿음을 가지고 있다. 그러므로 비록 내가 나의 연약함으로부터 천번을 넘어진다 해도 나는 믿음을 잃지 않을 것이다.

간디의 말처럼 그 길은 아주 좁고 곧다. 칼날처럼 말이다. 그저 그 길 위에서 원칙을 지키고 그 길을 따라가면 된다. 그러나 대부분의 사람들은 교묘한 길을 기술적인 방식으로 만들고 진행하기를 좋아한다.

도는 단순하고 소박하다. 도가 복잡하다면 머리 좋은 사람들이 도를 얻을 것이지만 도란 그렇지 않다. 도와 깨달음에 이르는 길은 그저 만물을 사랑하고, 만인을 연민하고, 평화를 위해서 나아가는 길 위에 있다. 그 길은 우리가 영원한 자유로 가는 길이다.

이 장은 도경에서 마지막 장이다. 여기에는 노자의 진정한 마음이 나타나 있다. 그것을 나타내는 단어가 박樸이다. 가공되지 않은 나무 혹은 순박함, 이것이 노자가 추구하는 도에 해당하는 단어이다.

도는 아무것도 추구하지 않는다. 더 이상 이룰 것도 얻을 것도 없기에 천지자연과 하나가 되어서 굽은 나무처럼, 휜 나무처럼 살아간다. 그 때 묻지 않은 나무가 바로 노자 자신이다. 노자는 마지막 5천자의 가르침을 적어주고 세상에서 사라졌다. 노자는 무명의 박樸이 되어 세상에서 사라졌다. 그는 세상을 개혁하는 것도, 더 좋은 곳으로 만드는 것도 꿈꾸지 않았다. 그저 신성神性이나 자연의 법칙에 의해서 저절로 이루어져 나감을 본 것이다.

이 세상은 인간의 노력으로 좋아지는 것이 아니라고, 노자는 그렇게 알고 있었다. 우리가 사는 세상을 다스리는 도道가 있어서 그 도가 저절로 세상을 바꾸고 세상이 변하는 것은 그 도에 의한 것이라는 것을 노자는 이미 알았던 것이다.

이 세상을 지배하는 것은 인간의 힘이라고 사람들은 착각을 하고 있다. 그러나 이 세상은 부처가 말한 연기緣起에 의해서 펼쳐지는 것이다.

이를 〈의식혁명〉의 저자인 데이비드 호킨스 박사는 그 자체의 내재적 특성에 의해서 저절로 펼쳐진다고 얘기한다.

우주가 연기緣起와 그 내재적 힘에 의해서 펼쳐지듯, 우리의 삶도 우리 영혼의 모습대로 펼쳐질 것이다. 내 안의 생각과 의도와 목적 그리고 지향에 따라서 우리의 삶은 펼쳐질 것이다. 그것이 노자의 무위無爲의 도道이며 이름없는 박樸의 삶이다.

道常無爲而無不爲	도상무위이무불위
侯王若能守之 萬物將自化	후왕약능수지 만물장자화
化而欲作 吾將鎭之以 無名之樸	화이욕작 오장진지이 무명지박
無名之樸 夫亦將無欲	무명지박 부역장무욕
不欲以靜 天下將自定	불욕이정 천하장자정

도는 늘 무위이며 안되는 것이 없다.
제후나 왕이 이를 지키면 만물이 스스로 될 것이다.
저절로 되는데 욕심을 내면 나는 그것을 무명의 박樸으로 누를 것이다.
무명의 박樸은 모름지기 욕심이 없으니
욕심내지 않고 고요히 하면 천하가 스스로 평화롭게 될 것이다.

鎭 누를 진 **定** 평안할 정

부록

〈장자〉 천운편

01 왕들의 여인숙

〈장자〉는 내편, 외편, 잡편의 33편으로 이루어져 있다. 내편 7편은 장자가 직접 저술하였다고 학자들은 이야기한다. 천운편은 외편에 속하며 제자들이 첨삭한 것이라고 한다.

이 글은 공자와 노자의 사상의 차이를 뚜렷하게 보여주고 있는 부분이기에 도움을 주고자 수록하였다.

孔子行年五十有一而不問道 공자행년오십유일이불문도
공자는 51세가 되도록 도에 대해서 깨우치지 못했다.

乃南之沛見老聃 내남지패견노담
그래서 남쪽의 패로 가서 노담을 만났다.

老聃曰 노담왈
노담이 말했다.

子來乎 吾聞子 北方之賢者也 子亦得道乎
자래호 오문자 북방지현자야 자역득도호

"선생께서 오셨습니까? 내가 듣기로는 선생은 북방의 현자인데 선생도 또한 도를 얻었습니까?"

孔子曰 未得也 공자왈 미득야

공자가 말하였다. "아직 얻지 못했습니다."

老子曰 子 惡乎求之哉 노자왈 자 오호구지재

노자가 물었다. "선생은 어디서 그것을 찾았습니까?"

曰 吾求之於度數 五年而未得也 왈 오구지어도수 오년이미득야

공자가 말하기를 "나는 도수에서 찾았으나 오년이 되어도 얻지 못했습니다."

老子曰 子又惡乎求之哉 노자왈 자우오호구지재

노자가 말했다. "선생은 또 어디서 그것을 찾았습니까?"

曰 吾求之於陰陽 十有二年而未得 왈 오구지어음양 십유이년이미득

공자가 말했다. "음양에서 찾았으나 12년이 되어도 얻지 못했습니다."

진리는 어디에 있을까? 진리는 눈으로 볼 수 있는 것일까? 노자는 공자에게 예를 갖추어 진리를 깨달았는지 묻고 있다. 그런데 공자의 모습은 초라하다.

5년을 도수度數에서 찾고, 다시 12년을 음양陰陽에서 찾았지만 찾지를 못했다. 여기서 도수는 천문과 역법 등을 가리키고 음양은 주역을 이야기하는 것이다. 공자는 겉으로 보이는 것에서 오랜 세월동안 진리의 세계를 찾으려 하였으나 찾지 못하였던 것이다.

논어에 보면 공자의 한탄이 나온다. "조문도朝聞道면 석사夕死라도 가의可矣"라고 이야기했다. "아침에 도를 깨달으면 저녁에 죽어도 좋다."

195

는 말이다. 문聞은 단순히 듣는다는 말이 아니라 마음 속에서 번개가 스치듯이 번쩍하고 일어나는 깨우침을 말하는 것이다. 우리가 사는 이유와 우주의 본질에 대한 깨우침이다.

인간 존재의 본질은 무엇인가? 우리는 어디서 와서 어디로 가는가에 대한 근본적인 물음에 대한 것이 해결되지 않으면, 온 세상을 구한다한들 무슨 의미가 있겠는가!

그래서 공자는 북쪽의 노魯에서 멀리 남쪽의 패沛까지 찾아온 것이다. 공자는 비록 인과 의를 논하면서 세상 사람들을 긍휼히 여기는 마음과 사랑의 마음으로 가르침을 펼쳤지만 그것으로 모든 것이 해결된 것은 아니다.

인간들이 살아가는 이 세상의 진정한 목적은 무엇인가? 이 세상은 과연 무엇이고 나는 누구인가에 대한 근본적 해답을 얻지 못한다면 그의 인仁과 의義의 펼침이 과연 무슨 의미가 있을까!

그 당시에도 근본적 진리에 대한 가르침들이 있었을 것이고 그에 대해서 알고 있는 노자를 공자가 찾아온 것은 스승을 통해서 가르침을 받고자함 때문이었을 것이다.

老子曰 然 使道而可獻 노자왈 연 사도이가헌
노자가 말했다.
그러합니다. 도가 누구에게 바칠 수 있는 것이라면

則人莫不獻之於其君 즉인막불헌지어기군
사람이 그것을 그 임금에게 바치지 않을리가 없을 것이오.

使道而可進 사도이가진

누구에게나 드릴 수 있는 것이라면

則人莫不進之於其親 즉인막부진지어기친

사람이 그것을 그 어버이께 드리지 않을리가 없지요.

使道而可以告人 사도이가이고인

만일 도가 남에게 일러줄 수 있는 것이라면

則人莫不告其兄弟 즉인막불고기형제

사람이 그것을 그 형제에게 일러주지 않을리가 없을 것이며

使道而可以與人 사도이가이여인

만일 도를 남에게 줄 수 있는 것이라면

則人莫不與其子孫 즉인막불여기자손

그것을 그 자손에게 주지 않을리가 없을 것이다.

진리는 물건이 아니다. 또한 진리는 지식도 아니다. 물건이라면 건네줄 수 있겠지만 건네줄 수도 없는 것이다. 진리는 철저히 주관적인 것이다. 주관적이라는 말은 객관의 반대이다. 객관은 보여줄 수 있고 확인할 수 있고 검증할 수 있다.

그런데 주관은 가진자 마음대로라는 의미가 아니라 가진 자의 마음 속에만 있는 것이어서 다른 방식으로는 전해줄 수 없다. 그래서 부처는 염화미소로 가섭존자에게 꽃을 전하였다.

진리는 말하여 질 수는 있지만 전해줄 수는 없다. 수없는 논의와 토론

을 거쳐서 진리의 겉모습을 묘사할 수는 있겠지만 그것은 진리가 아니다. 사과의 맛을 만권의 책으로 묘사한들 한 번 맛본 사과 맛과 어찌 비교할 수 있겠는가? 사과의 유래와 화학적 분석과 온갖 요리 방법을 말한다 한들 사과를 직접 맛본 것은 아니다.

이것을 철저한 주관성이라고 호킨스 박사는 우리나라에서도 출판된 그의 책(I : Realty and Subjectivity; 호모스피리투스)에서 이야기한다.

양자역학에서는 관찰자가 현상을 결정한다고 이야기한다. 관찰되는 세상은 객관의 세상이 아니라 관찰자의 마음에 의해서 왜곡된다. 이것에 관한 것은 유명한 '이중슬릿 실험'을 보면 이해에 도움이 된다.

양자물리학이 보는 세상은 관찰자나 경험자의 세상을 스스로 결정하는 것을 말하는 것으로써, 진리에 대한 객관적 진실은 알 수 없음을 이야기한다. 진실은 오직 그 사람의 수준에 따라서 다르게 보이는 것이다. 그래서 "돼지 눈에는 돼지만 보이고 부처 눈에는 부처만 보인다."는 말이 있는 것이다.

이 세상은 있는 그대로 존재하지만 관찰자 내부의 에너지가 외부로 투사되어 그대로 자신에게 돌아오기에 악인은 악한 세상을 보고 선인은 연민의 세상을 보는 것이다.

천국과 지옥도 마찬가지이다. 선한 이들은 스스로 천국을 만들어 내고 악한 이들은 그들 자신이 만든 지옥으로 가는 것이다.

예수는 "천국은 그대들 마음 속에 있습니다."라고 선언하였다. 천국이 어딘가에 있는지 모르지만 그 천국을 이 땅에서 이루지 못하는 사람은 천국에 합당치 않기에 스스로 선택한 수준에 따라서 나중에 각자의 영역으로 간다. 그래서 성경에서는 악인을 심판하지 말라고 이야기한다.

악인은 스스로의 에너지에 의해서 멸망하고 그 자신의 의도에 따라서 합당한 곳으로 갈 것이기 때문이다. 심판의 몫은 하늘에 있고 하늘은 머리카락 한 올도 세지 않고 넘어가는 법이 없다고 예수는 이야기하였다.

진리는 객관이 아니라 주관이다. 나의 마음 속에 평화가 있으면 온 세상이 평화롭다. 나의 마음이 고요하면 세상이 고요하다. 즐거운 마음을 가진 사람은 즐겁고 신나는 세상을 본다. 그래서 노자는 공자에게 진리의 세상은 보여줄 수 있는게 아니라고 말하고 있다.

진리를 알고자 하면 스스로의 세상을 변화시켜서 진리와 하나가 되어야만 한다. 자신의 마음에 사로잡혀 있는 사람은 결단코 진리의 세계에 이를 수 없음을 노자는 이야기하는 것이다.

나를 놓아버리고 나의 모든 생각과 감정을 초월해서 나아가지 않는한 진리가 바로 여기 이 자리에 있다하더라도 그것을 볼 수가 없다. 진리는 언제나 그 자리에 있지만 그것을 보는 자들이 적은 것은 스스로의 주관에 사로잡혀 있기 때문이다.

然而不可者 无佗也 연이불가자 무타야
그러나 그럴 수 없는 것은 다름이 아니라

中无主而不止 중무주이부지
마음 속에 도를 받아들지 않으면 머무르지 않고

外无正而不行 외무정이불행
밖으로 올바름이 없으면 실행되지 않기 때문이다.

由中出者 不受於外 聖人不出 유중출자 불수어외 성인불출
마음속에서 나가는 것이 밖에서 받아들여지지 않기에 성인은 밖으로 내보내지 않고

由外入者 無主於中 聖人不隱 유외입자 무주어중 성인불은
밖에서 들어오는 것을 마음속에 담아두지 않기에 성인은 그것을 기대하지 않는다.

진리는 앞에서 말한 것처럼 언제나 있다. 얻어질 것도 밝혀질 것도 없다. 진리는 발견하는 자들의 몫이다. 그런데 안으로 준비가 되어 있지 않은 사람들에게는 진리가 들어온다 한들 받아들여지지 않고 머무르지도 않을 것이다.

종교와 철학, 윤리와 도덕, 이념과 관념에 의해서 지배되는 대부분의 사람들 마음은 진리가 받아들여질 준비가 되어있지 않는 것이다. 나를 내려놓고 나를 비울 때에 진리가 그 자리를 채운다. 나를 버리지 않는 한 내 마음에 들어올 수가 없다.

나의 마음을 가득 채우고 있는 것은 이 세상을 살아가는 것에 대한 불안함에서 오는 감정과 생각들이다. 그런 생각에 사로잡혀서 자신의 에고를 주장하는 사람들에게 진리는 숨겨져 있다.

자신의 생각을 비우고 내려놓고 놓아버릴 때에야 신성의 진리와 우주적 지혜가 흘러들어와서 나를 변화시킨다. 그래서 준비된 사람들에게만 지혜를 말하는 것이 성인이다. 돼지에게 진주를 주지말라고 한 예수의 말씀은 수많은 에고들이 다스리는 이 세상에서 슬기롭게 에고의 자기 중심성을 상대하는 법을 알려준 것이다.

모든 사람들이 진리에 이를 수는 없다. 마음이 열린 사람만이 그것을

받을 자격이 있고 그것은 진리에 대한 헌신과 더불어 세상에 대한 연민을 가진 영혼들에게만 밝게 드러날 것이다.

아래의 글은 인과 의를 세상에 펼치는 공자에 대한 비판의 내용이다. 그 얘기를 들어보자.

名 公器也 不可多取 명 공기야 불가다취

명예는 공공의 기관으로 많이 취하면 안 되며

仁義 先王之蘧廬也 인의 선왕지거려야

인의는 옛 왕들의 여인숙으로

止可以一宿而不可久處 지가이일숙이불가구처

하루밤 머무르는 것은 좋으나 오래 묵을 곳은 되지 못하니

覯而多責 구이다책

오래 머무르면 오히려 책망만 많아진다.

이 세상에서 삶의 목적을 이야기하라고 하면 잘 먹고 잘 사는 것이라고 대부분의 사람들은 이야기한다. 다 먹고 살자고 하는 짓이라고 이야기한다. 또한 정치가들은 그런 세상을 만들어 주겠다고 이야기하지만 사실은 자신들이 잘 먹고 잘 살려고 정치를 하는 사람들이 대부분이다.

공자는 세상 사람들이 잘 살려면 인과 의가 필요하다고 믿었고 그런 인의에 바탕한 세상을 꿈꾸면서 수레를 타고 여러 나라를 돌아다녔다. 그의 마음 속에는 세상에 대한 연민이 있었을 것이다. 그러나 노자는 다르게 이야기한다.

인과 의가 비록 하룻밤의 여인숙 정도의 가치는 있지만 우리를 진정 자유롭게 하지는 못한다고 이야기한다. 인과 의의 세상이 펼쳐지고 대동 사회가 펼쳐져서 모두가 잘 사는 세상을 꿈꾸어 보지만 이 세상이 그런 세상이 되지 않는 이유는 단순하다.

'나'라는 에고가 있기 때문이다. '나의', '나는', '나를' 이런 단어들이 나타내는 그 '나'가 문제인 것이다. 아무리 인의를 외쳐도 결국에는 '나들'이 펼치는 생존경쟁의 이 전쟁터에 진정한 인의는 올 수 없음을 노자는 이야기하고 있다.

많은 종교가 지상낙원을 이야기하지만 지상낙원이 되려면 물질적으로 부유하게 되는 것은 별 의미가 없다. 지상낙원은 서로가 서로를 무조건적으로 사랑하고 서로를 최고의 존재로 인정하고 배려할 때에만 가능한 것이다.

온갖 종교와 가르침들이 있어왔지만 그것을 실천하기 어려운 것은 '에고'가 나의 마음속에 있기 때문이다. 우리는 내가 원하는 대로 상대방이 변화하기를 기대하고 그들의 못난 점을 비판하지만 스스로를 변화시키려는 노력에는 게으르다.

그래서 세상의 문제는 저 밖에 있다고 모두 생각한다. 그러나 사실은 이 세상의 문제는 저 밖의 인정머리 없고 몰상식하고 무지한 군상들에 있는 것이 아니라 바로 나 자신을 얼마나 비우고 내려놓느냐에 달려 있는 것이다.

이 세상을 바꾸는 것은 의미가 없다. 나를 바꾸는 것만이 의미가 있다. 왜냐하면 그때에만 나는 진정한 구원과 깨달음의 의미를 알 것이고 세상이 나부터 시작해서 변할 것이기 때문이다.

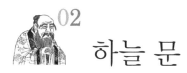

하늘의 문은 아무에게나 열리지 않는다. 에고의 마지막 잔재를 다 버린 후 내 마음이 한 없이 가난해져서 온 우주의 진리를 담고 우주와 하나가 될 때에만 가능하다. 그것은 모든 인위적인 것을 놓아버리고 하늘의 도가 저절로 펼쳐질 때 가능하다. 구원이니 깨달음이니 하는 단어들로부터 자유로워지고 삶과 죽음을 넘어서서 하늘과 같아질 때에 비로소 하늘의 문이 열리고 우리는 하늘에 본래의 나로 돌아간다.

여기서 노자는 공자에게 정치하는 자의 자세를 말하고 있다. 정치하는 자가 권력에 사로잡혀서 제대로 정치를 못할 때 하늘이 벌함을 이야기하고 있다.

古之至人 假道於仁 고지지인 가도어인
옛 지인은 인에서 도를 빌리고

託宿於義 以遊逍遙之處 탁숙어의 이유소요지처
의를 주막 삼아서 노닐며

食於苟簡之田 立於不貸之圃 식어구간지전 입어부대지포
조그만 밭에서 먹으며 채소밭 빌리지 않고 살았으니

逍遙无爲也 소요 무위야
무위에 거닐었소.

지인은 지극한 경지의 도에 이른 사람이다. 그는 지극한 도에 이르렀으나 그것을 세상에 펼쳐 보여줄 수가 없다. 어찌 번데기가 나비의 깊은 뜻을 알겠는가? 나비는 넓고 높은 세계를 이야기하나 들을 귀 있는 사람들이 없다. 그래서 도 대신에 인仁을 잠시 빌려쓰고 도 대신에 의義를 잠시 빌려서 주막처럼 잠시 묵으나 그것이 도道는 아니다. 그는 인仁과 의義 조차도 부질없는 일이라는 것을 안다. 그래서 무위를 벗 삼아서 살아간다.

苟簡 易養也 구간 이양야
구간은 쉽게 살아가는 것이고

不貸 无出也 부대 무출야
빌리지 않으면 나가지 않으니

古者謂是采眞之遊 고자위시채진지유
옛 사람들이 이르기를 진리를 캐는 놀이라 하였다.

구간苟簡은 구차苟且하고 간단簡單한 삶을 말하는 것이다. 좁은 농사를 지으면서 단순하게 사는 것이 오히려 편하다. 넓은 땅을 농사 지으려면 새벽에 일어나서 애를 많이 써야하고 밤새 누가 훔쳐가지나 않을까 혹은 동물들이 파헤쳐서 피해를 주지 않을까 걱정해야 한다. 그러나 작은 밭

데기를 부쳐 먹으면 그 만큼 신경 쓸 일도, 스트레스 받을 일도 없다.

남에게 논밭을 빌려서 농사를 짓다보면 소작료도 내야되고 혹시 흉년이라도 들면 그 지대를 어찌 갚을 수 있는가? 빌리지 않고 그저 있는 논밭이나 부쳐먹으면서 사는 것이 가장 경제적인 삶일 수 있다.

현대를 사는 우리의 삶도 마찬가지이다. 더 출세한 사람일수록 더 많은 일로 인해서 스스로를 잊고 산다. 물질과 돈의 노예가 되고 자신이란 존재의 참된 의미를 잊고 살게 된다.

그러나 단순하고 소박한 삶, 세상의 흐름을 따르지 않고 그 반대로 세상을 초월해서 살고자 하는 삶을 사는 사람들이 있다.

노자는 그렇게 사는 삶을 진리를 캐는 놀이라고 이야기한다. 단순함 속에 살면서 먹고 사는 일에 신경 쓰는 일보다 진실 그 자체를 탐구하고 자신의 본래 모습을 찾는 무위의 삶을 진정한 삶이라고 노자는 이야기한다.

以富爲是者 不能讓祿 이부위시자 불능양록
그래서 부를 좋아 하는 자는 녹봉을 남에게 양보할 수 없고

以顯爲是者 不能讓名 이현위시자 불능양명
명성을 좋게 여기는 자는 이름을 양보할 수 없으며

親權者 不能與人柄 친권자 불능여인병
권세를 가까이 하는 자는 남에게 권세를 넘겨줄 수 없다.

단순하고 평범하게 살아가는 것이 지인至人의 삶이지만 세상 사람들은 부를 최고의 가치로 여기며 재물을 남과 나누지 않는다. 최고의 투자

가인 워렌 버핏은 자신과 식사하는 사람에게 10만불의 돈을 받는다고 한다. 자신이 돈을 버는 비결을 알려줄지도 모르지만, 혹은 자신과 함께함으로써 돈의 가치를 느껴보라는 의미일지 모르지만, 그런 삶은 죽을 때까지 돈의 노예라는 생각이 든다.

"부자가 하늘 나라에 들어가는 것은 낙타가 바늘귀를 통과하는 것보다 어렵다."고 신약성경에 써있다. 명성도 마찬가지이다. 자신을 높게 여기는 자들은 낮아질 것이라고 이야기한다. 오히려 남의 발을 씻어주고 낮아지며 겸손한 사람이 진정 높은 사람이다.

권세를 얻은 자들도 마찬가지이다. 우리는 최고의 권좌에 올랐던 이들이 가장 추한 모습으로 인생을 마감하는 것을 많이 본다. 돈이나 명성, 권세는 본래 추구할 가치가 없는 것이라고 노자는 이야기한다.

단순하게 무위의 마음으로 세상에 속하되 세상에 지배되지 않는 삶을 사는 것이 필요할 뿐이다. 우리는 결국에는 그 모든 것을 내려놓고 본래의 우리 자신으로 돌아갈 것이기 때문이다.

操之則慄 舍之則悲 조지즉율 사지즉비
이런 것들을 잡으면 두렵고 잃으면 슬퍼하니

而一無所鑑 以闚其所不休者 이일무소감 이규기소불휴자
그러나 한번도 반성치 않고 그것들을 쉴 새 없이 엿보는 자는

是天之戮民也 시천지륙민야
하늘에 죄를 짓는 자이다.

행복한 비움

도경 13장 삶의 오르내림(총욕)에서 우리는 성공과 실패에 대해서 이야기했다. 우리 삶의 오르내림은 부귀영화 같은 것을 잃고 얻는 것에 대한 두려움과 근심걱정으로부터 온다.

그런 두려움을 다 비운 사람은 잃을 것도 얻을 것도 없기에 슬퍼할 일도 없다. 모든 두려움과 슬픔은 그런 것들에 대한 집착과 욕심에서 온다. 그런 것을 다 내려놓은 사람은 이 세상을 자유로움 속에서 걸어갈 것이다.

그런 것들에 사로잡혀 사는 것이 보통 사람들의 삶이며 대부분의 사람은 자신의 삶을 돌아보는 것에 관심이 없다. 그들은 쉴새 없이 세상에서 얻어서 안전하게 지키고 유지하는 것에 신경을 쓴다. 그렇게 살다보면 삶이라는 무거운 짐을 지고 살아가게 되고 결국에는 하늘에도 죄를 짓는 것이다.

그러나 자유로운 사람은 얻는 것도 잃는 것도 같은 것이기에 세상에 죄 지을 것도, 하늘에 죄 지을 것도 없다. 그런 사람은 이 땅에서도 자유롭고 저 하늘에서도 자유롭다.

怨恩取與諫教生殺 원은취여간교생살

원한과 은혜, 취하는 것과 받는 것, 간하고 가르치는 것, 살리는 것과 죽이는 것,

八者 正之器也 팔자 정지기야

이 여덟은 정치의 도구이니

唯循大變无所湮者爲能用之 유순대변무소연자위능용지

오직 차례대로 크게 변통하여循大變 막히는 것이 없는 자无所湮者만이 능히 그것을 사용할 수 있다.

故曰 正者 正也 고왈 정자 정야

그러므로 정치란 바로잡는 것이라 하며

其心以爲不然者 기심이위불연자

그 마음이 그렇지 않은 자는

天門弗開矣 천문불개의

하늘의 문이 열리지 않을 것이다.

노자는 공자에게 정치에 대해서 이야기하고 있다. 대륙을 돌아다니는 최고의 정치철학자에게 정치에 관한 훈수를 두고 있다. 최고의 정치가는 누구인가? 도경 17장 최고의 지도자(태상) 편에서 잠시 최고의 지도자에 대해서 이야기한 것을 보자.

최고의 지도자는 백성들이 있는지 없는지 알지 못하는 지도자라고 말했다. 온갖 선전과 선동으로 백성들을 이념화시키고 백성들의 귀와 눈을 막고 가리는 자들은 최악의 지도자이다.

최고의 지도자는 최고의 정치를 행해야만 하지만 그것이 쉽지 않다. 최고의 정치는 은원怨를 살펴서 잘하는 것이다. 잘하는 백성들은 격려해주고 잘못하는 백성들은 제대로 된 규제와 벌로써 교화할 수 있다면 최고의 지도자가 될 수 있지만 교활한 백성들을 다스리기가 쉽지 않다.

자신의 탐욕을 먼저 찾아 챙기는 인간의 본성은 근본적으로 언제나 '나의 것'을 위해서 남을 해하는 것이기에 지도자는 상과 벌 주는 것을 잘해야 하며 잘못된 것을 말해주고 교육하는 것이 중요하지만 현대의 교육시스템 조차도 자본주의화되어서 제대로 작동하기 어려운 것이 현실이다.

최고의 지도자는 이런 모든 것을 고려해서 최고의 법률을 만들어야 하지만 법률을 만드는 소위 지도자들 조차도 여러 이익단체의 이익을 위할 뿐 일반 백성의 이익을 먼저 생각치 않는다.

　　죽이고 살리는 것은 정치의 세계에서 비일비재하다. 서로 죽이려고 안달이 나있다. 그런데 여기서 죽이고 살리는 것은 그런 정치적 투쟁을 얘기하는 것 같지는 않다. 백성들을 잘 살고 못살게 하는 것, 이것이 정치의 핵심이다.

　　노자는 이상의 8가지를 잘 하는 것을 최고의 정치로 보았고, 공자에게 그렇게 충고하고 있다.

부록 : 장자 천운편天運編

03

강과 바다에서

노자는 공자가 현실에 참여하는 것을 탐탁치 않게 여겼다. 그러나 마음 속 깊은 곳에는 공자에 대한 연민의 정이 있었을 것이다. 허위와 기만, 죽음과 전쟁, 황폐와 절망의 시대에 애써서 세상을 바꾸려는 공자의 노력이 가상해 보였을 수도 있다. 하지만 노자는 공자에게 그 너머의 세상을 보라고 얘기하고 있다. 세상을 바꾸려는 그 노력과 마음을 놓아버리고 세상이 저절로 펼쳐지도록 내버려 두라는 가르침을 공자에게 주고 있는 것이다.

우리의 삶도 마찬가지이다. 온갖 노력과 애씀을 다한 후에 모든 것을 놓아버리고 살아가야만 하는 때가 온다. 이 땅에서의 삶을 다 마친 후에 우리는 본래의 나로 돌아가야 한다. 누구에게나 이 세상의 모든 것을 다 잊고서 부귀영화와 영고성쇠를 잊고 내 본질로 돌아가야 하는 때가 온다고 노자는 이야기하는 것이다.

孔子見老聃而語仁義 공자견노담이어인의
공자가 노자를 보고서 인의에 대해서 이야기하자

老聃日 노담왈
노담이 말했다.

夫播穅眯目 則天地四方易位矣 부파강미목 즉천지사방이위의

모름지기 겨를 뿌려서 눈에 들어가면 천지사방이 위치가 바뀌어 보이고

蚊蝱噆膚 則通昔不寐矣 문맹참부 즉통석 불매의

모기나 등에가 살갗을 물면 밤새도록 잠을 이루지 못하니

夫仁義憯然 乃憤吾心 亂莫大焉 부인의참연 내분오심 난막대언

무릇 인의는 참연하여 나의 마음을 심란케 하니 어지러움이 이보다 크지는
않다.

吾子使天下无失其朴 오자사천하무실기박

그대도 천하로 하여금 그 소박을 잃지 않게 하고

吾子亦放風而動 오자역방풍이동

그대 자신 또한 바람 부는대로 움직이며

總德而立矣 총덕이립의

덕을 거느려 서도록 하게.

又奚傑傑然揭仁義 우해걸걸연게인의

그런데 어찌하여서 힘들게 인의를 높이 들고서

若負建鼓而求亡子者邪 약부건고이구망자자야

큰 북을 지고서 도망간 죽은 아들을 찾듯 하는가.

세상을 살아가는데 양심으로 살아가면 세상이 아름다워질까 생각하는
사람들도 있다. 그러나 인의와 양심을 세상에 설파한 공자가 왔다간지 2
천년이 지났지만 이 세상의 인의는 점점 더 땅에 떨어지고 참된 도덕은

찾아보기가 어렵다.

공자의 인의를 찾고자 하는 노력이 그나마 이 만큼이나 세상을 바꾸었다고 만족하면 좋겠지만, 이 세상을 바라보면 참된 평화와 행복은 드물다. 모든 사람들이 서로를 위해서 애쓴다 할지라도 내 마음속에 있는 온갖 번뇌와 망상은 또 어찌할 것인가?

인의와 도덕으로 우리의 마음을 다스리고 억지로 누른다 한들 우리 마음속 깊은 곳에 있는 추한 마음은 또 어찌할 것인가?

빛이 있으면 그림자가 있고 양심이 있으면 그 양심 밑에 있는 추악함이 우리 인간들의 마음에 있는데 양심을 들먹이며 인의를 들먹이는 것은 우스운 이야기라고 노자는 말하고 있다.

아무리 북을 치고 다니면서 세상의 부패와 거짓을 청산하자고 외친다 하더라도 의미가 없음을 안다.

범죄와의 전쟁을 이야기하지만 범죄는 조금도 줄지 않고 있다.

夫鵠不日浴而白 부곡불일욕이백
무릇 고니는 날마다 목욕하지 않아도 희고

烏不日黔而黑 오불일검이흑
까마귀는 날마다 검게 물들이지 않아도 검으니

黑白之朴 不足以爲辯 흑백지박 부족이위변
흑백의 본래 모습은 논의할 것이 없고

名譽之觀 不足以爲廣 명예지관 부족이위광
명예의 모습은 크다고 할 수가 없소.

泉涸魚相 與處於陸 천학어상 여처어륙

샘이 마르면 고기는 육지에 있어서

相呴以濕 相濡以沫 상포이습 상유이말

서로 습기를 뿜어주고 서로 물거품으로 적셔주시만

不若相忘於江湖 불약상망어강호

강이나 호수에 있으면서 서로를 잊고 지내는 것만 못하오.

인의라는 것은 인간 자아의 동물적 본성을 제어하기 위한 장치이자 사회적인 학습이고 자신의 참된 모습을 찾아가고자 하는 노력일 것이다.

그러나 그 인의를 애씀도 결국에는 에고인 '나'라는 것의 나타남이고 '나'라는 그것을 내세움이다.

인의를 찾고 도덕을 아무리 떠들어댄들, 그것은 결국 '나의 옳음'을 증명하고 타인의 '잘못됨'을 지적하는 것에 불과하다.

세상을 옳고 그름으로 판단한다. 내가 너보다 더 옳고, 내가 너보다 더 낫고, 내가 너보다 더 훌륭하다는 생각으로 대부분의 사람들은 자신을 드높인다.

그런 인의에 대해서 노자는 통렬하게 비판하고 있다. 사람들이 아무리 애를 쓴들 어찌 그 동물적 본성에서 나온 '나'라는 에고를 벗어날 수 있겠는가라고 노자는 말하고 있다.

물고기는 강과 바다에서 자유롭게 살아야 한다. 그것이 물고기가 자신의 참된 본성대로 사는 것이다.

그런데 물고기가 육지에 올라와서 숨도 못 들이시면서 힘들어 하는 가운데, 서로의 비늘과 피부를 물로 적셔준들 어찌 그들의 고향인 강과 바다에서 사는 것만 할 것인가?

까마귀와 백로는 그들의 본성대로 살아간다. 그들의 본성을 속일 수 없는 것이다.

인간에게는 두 가지 본성이 있다. '에고 본성'과 '참나 본성'이다. 에고는 아무리 애쓴다 한들 에고일 뿐이다.

그런 에고는 극복할 수 없다. 그런 본성은 아무리 갈고 닦은들 결국 에고일 뿐이다. 이 최첨단의 과학기술시대에 우리는 자신의 참된 고향인 강과 바다를 잊어버리고 육지에 와서 서로에게 습기를 뿜어주고 물을 적셔주지만 어찌 그것으로 물고기가 힘들지 않고 편안하게 살 수 있겠는가 라고 노자는 묻고 있다.

이 경쟁의 시대에 서로 습기를 적셔주고 물질을 조금 더 나눈다 한들, 그 본질적 문제를 해결하지 못하는 한, 물고기가 숨을 쉴 수 없듯이 인간이라는 존재는 이 세상을 제대로 살아가지 못하는 것이다.

행복한 비움

04

용龍의 가르침

孔子見老聃歸 三日不談 공자견노담귀 삼일부담

공자가 노담을 보고 돌아와서 3일동안 말이 없었다.

弟子問曰 제자문왈

제자가 물었다.

夫子見老聃 亦將何規哉 부자견노담 역장하규재

선생님께서는 노담을 보고서 무엇을 또한 바로잡아 주셨습니까?

규規, 이 글자는 바로잡다는 의미로 여기서는 가르친다는 뜻이다. 제자가 볼 때, 공자와 같은 성인이 노자를 가르치고 왔을 것으로 생각하였던 것이다. 수많은 나라를 돌아다니면서 세상을 바꾸고 세상을 더 좋게 하려고 노력했던 공자를 제자인 자공은 대단히 높게 보았기에 공자가 노자를 가르치고 왔을 것이라 생각했던 것이다.

孔子曰 공자왈

공자가 말했다.

吾乃今於是乎見龍 오내금어시호견룡

내가 이제사 비로소 용을 보았구나.

龍 合而成體 散而成章 룡 합이성체 산이성장

용은 합쳐져서 몸을 이루고 흩어지면 무늬를 이루며

乘雲氣而養乎陰陽 승운기이양호음양

구름의 기운을 타고서 음양을 관장하니

予口張而不能嚍 여구장이불능협

나는 벌어진 입을 다물 수가 없었고

予又何規老聃哉 여우하규노담재

그러니 내가 어찌 노담을 바로잡을 수 있었겠는가?

최고라 생각했던 공자는 노자를 만나고서 충격을 받은 것이다. 용龍이 자유자재로 변화하는 것처럼 세상의 이치를 말로써 자유자재로 설명하니 공자는 입을 다물수가 없었던 것이다.

최고의 경지에 이른 사람을 만나는 것은 크나큰 행운이다. 우리가 사는 이 시대의 진정한 스승이라고 할만한 인물은 어디에 숨어있는지 알수가 없고, 매스컴과 미디어에는 왜곡되고 조작된 정보들만 난무하니 참된 가르침과 스승은 찾을 수가 없다.

누구나 정신적 스승이나 멘토를 1명이라도 둔다면 삶에서 많은 도움이 될 것이다. 그런 스승을 만나는 것은 인생의 최고 행복이기에 자신의 정신적 스승을 찾아보는 것이 좋다.

子貢曰 자공왈
자공이 말하였다.

然則人固有尸居而龍見 연즉인고유시거이용견
그러면 사람이 진실로 주검처럼 있으면서 용과 같이 나타나고

淵黙而雷聲 연묵이뇌성
깊은 침묵 속에서 벼락처럼 울리고

發動如天地者乎 발동여천지자호
천지와도 같이 발하여 움직이는 사람이 있다는 말입니까?

賜亦可得而觀乎 사역가득이관호
저 또한 가서 만나뵐 수 있겠습니까?

공자의 수제자인 자공은 공자의 말에 노자를 만나고자 하는 마음이 일어났다. 제자들은 세상에서 진리를 보고자 하는 마음이 강하며 그런 마음을 가진 이들은 누구나 결국에는 진리를 볼 것이지만 진리의 스승을 보려면 가서 만나야 하는 것이다. 수고로움을 행하여야 하는 것이다.

용처럼 세상에 뚜렷이 가르침을 행하고 깊은 침묵 가운데서도 그가 발하는 기운이 온 천지를 덮을 수 있는 그런 노자를 자공은 만나고 싶은 것이다.

遂以孔子聲見老聃 수이공자성견노담
공자가 말해서 드디어 노담을 만났는데

老聃方將倨堂而應 微曰 노담방장거당이응 미왈

노담은 마침 집에서 응접하며 나즈막이 말했다.

予年運而往矣 여년운이왕의

나도 세월이 많이 흘러서 갔소.

子將何以戒我乎 자장하이계아호

그대는 무엇을 나에게 일러주려 하는가?

子貢曰 자공왈

자공이 말했다.

夫三皇五帝之治天下不同 부삼황오제지치천하부동

무릇 삼황과 오제가 천하는 다르다는 것은 같지 않았지만

其係聲名一也 기계성명일야

그 명성을 이음은 하나입니다.

而先生獨以爲非聖人 如何哉 이선생독이위비성인 여하재

그런데 유독 선생께서는 그들을 성인이 아니라 하시니 어째서 입니까?

노자는 평상시에 삼황오제에 대해서 비판적이었던듯 싶다. 만나자마 자 다짜고자로 삼황오제에 대한 노자의 비판적 의견을 묻는다. 삼황오제 는 책마다 약간씩 다르게 설명한다. 여기서는 〈십팔사략〉이라는 책에서 설명한대로 따라가 보자.

삼황은 태호 복희太昊 伏羲 ; 큰 하늘 복희, 염제 신농炎帝 神農; 불꽃 임금 신 농, 황제 헌원黃帝 軒轅의 3인이다. 이중에 태호 복희는 최초로 불을 사용

하는 법과 사냥하는 법을 가르쳤고, 염제 신농은 농경과 상업을 가르쳤고, 황제 헌원은 집 짓는 법과 옷 짜는 법, 그리고 수레를 발명하고 의술을 가르쳤다.

이 중에 황제는 〈황제내경〉이라는 책의 저자로 등장하는데 한의학에서 가장 오래된 책이 〈황제내경〉이다. 이 책은 천지자연의 이치와 자연 가운데서 살아가는 인간의 건강에 대한 이야기를 비롯한 한의학의 기본 원리가 아주 상세히 서술되어 있어서 한의학을 배우는 사람들이 반드시 읽어야 하는 최고의 책이다.

오제는 소호 금천, 전욱 고양, 제곡 고신, 제요 도당, 제순 유우로서 뒤의 두명은 따로 떼어서 요순이라고 하며, 태평성대의 시대라고 말한다. 이런 삼황오제에 대한 노자의 의견을 들어보자.

老聃曰 노담왈
노담이 말했다.

小子少進 子何以謂不同 소자소진 자하이위부동
"젊은이 조금 다가 앉게. 그대는 무엇 때문에 그들이 같지 않다고 하는가?"

對曰 대왈
자공이 답하였다.

堯授舜 舜授禹 요수순 순수우
요임금은 순인금에게 물려주고 순임금은 우임금께 물려주었습니다.

禹用力而湯用兵 우용력이탕용병
우임금은 사람으로써 다스렸고 탕왕은 군사로써 다스렸으며

文王順紂而不敢逆 문왕순주이불감역

주의 문왕은 주왕에게 순종하여 감히 거역하지 않았으며

武王逆紂而不肯順 무왕역주이불긍순

주의 무왕은 주왕에게 거역하여 순종하지 않았습니다.

故曰不同 고왈부동

그래서 서로 같지 않다고 말합니다.

요순임금이 다스리던 시절을 태평성대라고 이야기하는 것이다. 그래서 다른 폭군들이 다스리던 때와는 다르다고 하는 것이다. 상나라의 마지막 왕은 탕왕인데 폭정의 탕왕을 죽이고 주나라를 세운 것이 주의 문왕이었다.

이렇게 삼황 이후에 5명의 제후들이 나왔는데 그들은 인과 의로써 세상을 다스리니 다른 폭군들과는 다르다고 이야기하고 있다. 이에 대한 노자의 의견을 들어보자.

05

초월

老聃曰 노담왈
노자가 말하였다.

小子少進 소자소진
젊은이 좀 더 다가오게나.

余語汝三皇五帝之治天下 여어여삼황오제지치천하
내가 그대에게 삼황오제가 천하를 다스림에 대해서 말해 주겠네.

黃帝之治天下 使民心一 황제지치천하 사민심일
황제가 천하를 다스림은 백성의 마음이 하나되게 하여

民有其親死不哭而民不非也 민유기친사불곡이민불비야
백성은 그 어버이가 죽어도 곡을 하지 않는 자가 있더라도 백성은 이를 비난하지 않았네.

堯之治天下 使民心親 요지치천하 사민심친
요임금이 천하를 다스림은 백성이 서로 친하게 하여서

民有爲其親殺其殺而民不非也 민유위기친살기살이민불비야
백성이 그 친소에 따라서 상복을 입어도 백성은 이를 비난하지 않았네.

舜之治天下 使民心競 순지치천하 사민심경
순임금이 천하를 다스림은 백성이 서로 다투게 하여서

孕婦十月而生子 잉부시월이생자
임산부가 열달만에 아이를 낳고

子生五月而能言 자생오월이능언
아이가 태어난지 5개월이면 말할 수 있게 되었으며

不至乎孩而始誰 부지호해이시수
아직 웃지도 못하면서 누구인지 알아보게 되었네.

則人始有夭矣 즉인시유요의
그런즉 사람이 일찍 죽는 일이 있게 되었네.

禹之治天下 使民心變 우지치천하 사민심변
우임금이 천하를 다스림은 백성의 마음이 변하게 하여

人有心而兵有順 인유심이병유순
사람마다 마음이 다르게 되고 무력을 쓰는 것을 순리로 여김이 있었느니

殺盜非殺人 살도비살인
도적을 죽이는 것이 살인이 아니라 하였으며

自爲種而天下耳 자위종이천하이
스스로 천하에서 최고라 여겼다네.

是以天下大駭 시이천하대해
이 때문에 세상은 크게 혼란스러워지고

행복한 비움

儒墨皆起 유북개기

유가와 묵가 등이 모두 생겨났으니

其作始有倫 기작시유륜

그 시작됨은 윤리가 있었으나

而今乎歸 女何言哉 이금호귀 여하언재

지금은 이렇게 되돌아갔으니 그대는 무슨 할 말이 있겠는가?

이 글을 보면 세상은 황제의 시절에는 그래도 하나가 되었으며 서로를 비난하지 않았으나 요임금 시절에는 서로 친하게 지내는 정도로 바뀌었고 순임금 시절에는 서로 경쟁하고 다투고 우임금의 시대에는 서로가 다름에 대하여 무력을 쓰고 잘못된 사람을 죽이는 것을 순리로 여기게 되었다.

지금의 시대와 비교해보면 이 세상은 발전하면서 살기 좋아진 듯 보인다. 최고의 과학기술을 가진 이 시대에 우리는 스마트폰으로 세상 구석구석의 소식을 보고 듣는다. 전 세계가 하나처럼 가까워졌지만 사람들이 체험하는 행복의 지수는 오히려 더 낮아졌다.

사회가 발전할수록 법은 복잡해지고 지켜야할 규칙은 많아지고 또 생존을 위해서 익혀야할 기술은 늘어난다. 학교에서 배웠던 지식들은 몇 년만 지나면 쓸모가 없어진다.

가장 최고의 두뇌집단들 조차도 너무나 빠른 세상의 변화에 도태되어가는 이 세상을 최고의 전문가 집단에서부터 단순한 노동에 종사하는 모든 사람들까지 모두가 극단적인 경쟁의 시대에 살아가고 있다.

부록 : 장자 천운편天運編

노자는 저 옛날에 이미 세상의 발전에 따라서 사람들이 점점 더 살아가기 힘듦을 간파하고 공자의 제자인 자공에게 말하고 있다.

余語汝 三皇五帝之治天下 여어여 삼황오제지치천하
내가 그대에게 삼황오제가 천하를 다스림을 이야기 했는데

各曰治之 而亂莫甚焉 각왈치지 이란막심언
각각 다스렸다고 했으나 어지럽기가 끝없이 심했네.

三皇之治 上悖日月之明 삼황지치 상패일월지명
삼황이 다스림은 위로는 해와 달의 밝음을 가리고

下睽山川之精 하규산천지정
아래로는 산천의 정기를 어그러지게 하였으며

中墮四時之施 중타사시지시
가운데로는 사계절의 질서를 무너뜨렸으니

其知憯於蠣蠆之尾 기지찬어려채지미
그 지혜는 전갈의 꼬리보다 참혹하고

鮮規之獸 莫得安其性命之情者 선규지수 막득안기성명지정자
작은 짐승 조차도 그 본성의 정을 편안히 지킬 수 없었다.

而猶自以爲聖人 이유자이위성인
그런데도 오히려 스스로 성인이라 여겼으니

不亦可恥乎其无恥也 불역가치호 기무치야
또한 부끄럽지 않겠는가? 그것은 부끄러움이 없음이라.

子貢蹴蹴然立不安 자공축축연립불안

자공은 불안하게 서서 편치 않았다.

정情은 상태를 나타낸다. 동물들 조차도 편치 못하여서 그 본성의 상태를 지킬 수 없는 이런 시대를 살아가고 있음을 노자는 이야기하지만 우리는 그 당시보다 훨씬 더 자신의 본성의 상태를 잊고서 살아가고 있다.

2천여년 전처럼 전쟁과 굶주림은 없지만 오히려 희망 없는 시대를 우리는 살아가고 있을는지 모른다.

젊은이들에게 희망이 없는 시대, 노인들 또한 삶의 기쁨 없이 살아가는 시대에 우리는 살고 있다. 무엇이 우리를 과연 행복하게 하고 우리가 삶을 즐길 수 있을까 생각해 보아야할 시점이다.

자본주의가 가장 발달한 이 시점에서 대부분의 사람은 돈의 노예이고 시간의 노예이며 물질의 노예이다.

편리함에 중독되어 늘 육체적 편안함에 익숙해진 시대에 정신은 오히려 희망없는 시대에 살고 있다.

2천여년 전에 그 황폐한 시대를 살았던 노자는 2천년을 뛰어넘어 이 시대의 사람들에게 화두를 던지고 있다. 과연 무엇을 위해서 살아야 하는가? 어떻게 살아야 하는가? 무엇이 진정한 행복이고 우리 존재의 근본적인 문제를 어떻게 해결할 것인가?

노자는 세상을 초월하라고 이야기하고 있다. 이 세상은 물질의 세상이다. 그 물질을 많이 소유한다고 해서 근본적 문제가 해결되는 것은 아니다. 또한 마음이 편안하기를, 늘 행복하기를 원하지만 그런 사람은 극히 드물다.

물질도 마음도 우리를 행복하게 못하는 이 세상에서 우리는 과연 어떻게 살아야할까 생각해보면 결국에는 진리의 세상을 보아야만 하는 것이다. 진리를 알지 못하는 한 최고의 성인이었던 공자조차도 뭍에 사는 물고기처럼 답답하다.

그렇다고 종교가 사람을 자유롭게 해주지는 못한다. 종교를 믿는 사람들과 비종교인을 비교해보면 큰 차이가 없다. 왜냐하면 모두가 늘 무언가 외부에서 행복을 찾고 초월적인 어떤 존재로부터 구원을 찾기 때문이다.

진정한 구원과 행복은 그 어디에도 없다. 노자가 얻은 진정한 행복은 이 세상을 초월해서 무한의 세계와 절대진리를 얻는 것에 의해서만 가능하다고 노자는 말하지만, 누가 그 말을 진정으로 이해할 수 있을까?

이 책을 쓰면서 절대진리의 세계를 본 사람들의 세계를 노자를 통해서 표현해 보고자 했지만 어찌 말로써 진리의 세계를 표현할 수 있겠는가? 노자의 말은 진리의 세계를 비추는 빛이지만 그 빛의 세계를 보는 것은 각자에게 달려 있다. 그 길을 달려나가는 자는 결국에는 노자가 본 그 절대세계를 볼 것을 확신하면서 노자와 공자의 대화를 마친다.

후기

2500여년 전에 쓰여진 노자라는 책이 갑자기 내게 온 것은 특이한 경험이었다. 어느 모임에서 노자 이야기가 나오게 되었고 노자 책 중에서 좋은 책이 있다고 소개를 받았다.

그 책을 도서관에서 빌려서 1주일 만에 다 읽었다. 그러면서 노자 책들이 어렵다는 것을 느꼈다. 예전에도 노자의 다른 책들을 읽었지만 저자들이 노자의 진의를 제대로 파악하지 못한 것은 아닐까 생각하였고, 나의 지적 능력을 의심하기까지 하였다.

다른 책들의 한문 해석은 어려웠고 문장의 본래 의도에서 벗어난 난해한 해석들이 〈도덕경〉을 읽는데 걸림돌이 되었다. 그러다 문득 내가 노자의 〈도덕경〉을 쉽게 써보는 것은 어떨까하는 생각이 들었다.

그래서 바로 나 나름의 번역을 하고 주석을 달면서 나의 책이 만들어진 것이다. 81편 중에 앞 부분의 도경을 해석하고 주석을 다는데 1개월 남짓의 시간이 걸렸다.

처음에는 어려우리라 생각했던 작업이 생각보다 쉽게 끝나면서 책을 내고 싶은 마음을 가지고 있던 차에 출판을 해보자는 제의가 들어와서 직접 책에 들어갈 그림과 사진들을 고르는 작업을 하여 이 책이 나오게 되었다.

　이렇게 책이 쓰이게 된 것은 보이지 않는 인연의 힘의 작용에 의한 것이라는 생각이 든다. 마침 도서출판 다락방의 대표께서 흔쾌히 출판을 맡으셔서 빨리 출판하게 된 것에 감사의 말씀을 드린다.

　그리고 이 책의 내용들은 새로울 것은 없지만 다시 한 번 우리의 마음을 비우고 나 자신을 내려놓음을 통해서 많은 사람들이 삶의 고뇌와 고통의 시기를 넘어가는데 도움이 되었으면 하는 바람이다.

　내 삶의 여정에 수많은 인연들이 있어서 이 책이 쓰여졌고 내가 만난 한 사람 한 사람 모두가 내 가슴 안에 같이 있다고 생각을 한다. 그들의 사랑이 아니었으면 나의 존재는 의미가 없을 것이다.

　그리고 이 세상의 모든 이들에게 축복을 보낸다. 그들이 바로 나의 일부분이고 나의 모두이기 때문이다.

김선국

편집의 글

김선국 박사는 물리학 박사학위를 취득하고 오랫동안 한국원자력연구소에서 핵물리학 그리고 빛, 전자와 관련된 최첨단 연구를 수행하였다. 특히 자유전자레이저와 고출력 다이오드 레이저 등에 관한 우수 논문들을 국제 학술지에 다수 발표한 이력의 학자이다.

이후 안정된 직장생활을 청산하고 40대의 늦깎이로 한의과대학에 입학하여 지금은 한의원을 운영 중이다. 우리는 그가 살아온 과정을 통해서 자연과 자아에 대한 끝없는 탐구심과 더불어 인간과 생명의 참된 의미를 찾고자 하는 그의 성정을 엿볼 수 있다.

無爲自然!

노자는 道가 인생사의 원천이니 道를 숭상하고 道를 추구하는 것이 삶이 나아가야할 바이며 道는 역사를 끌고 가는 법칙이라고 말한다. 그는 자신을 내려놓고 흐르는 물처럼 살라고 한다. 지혜로운 사람은 결코 큰일을 벌이지 않으니 큰일을 이루게 된다고 한다.

나는 김선국 박사와 얘기를 나누며 한국사회를 정리해 보았다.

과학기술의 발전은 삶의 환경을 변화시키고 있다. 이 모두 특정임계점을 넘으면 불평등 구조는 가속화될 것이다. 자본의 무한한 욕망이 제어되지 않고 사회 곳곳에서 이해집단이 자신의 목소리를 높이면서 공동체의 안정성은 훼손될 것이다.

道라는 것은 항상 하는 것이 없지만 하지 못하는 것도 없다.

아무것도 하지 않는 것으로 오히려 모든 것을 하게 된다는 노자 특유의 논법이다. 범인들의 인간사는 눈에 드러나는 바깥세상이 전부인 것처럼 생각하기 쉽다. 또 그렇게 사는 것이 옳다는 착각 속에서 조화를 잃어버리니 나 홀로 안정을 유지하기가 힘들다.

그리고 강대국들의 이해관계에 따라 가중되는 동아시아의 평화와 안전이 위협받는 문제이다. 미·중의 패권 다툼으로 전개될 군사적, 경제적 갈등의 연속성이다. 미국과 북한과의 갈등은 한국 내부의 갈등과 더불어 한반도를 극단적 회오리로 몰고 갈 위기에 있다.

하지만 노자는 말한다.

전쟁을 좋아하는 것은 사람 죽이는 것을 좋아하는 것과 같고 그러한 자는 천하의 뜻을 얻지 못한다. 당연한 말이다. 전 세계에 산재한 최첨단 무기들은 불과 몇 분이면 수백만 명을 살상할 수 있는 무기들이다. 우리 국민들은 노자가 살았던 시대의 모습도 염두에 두며 세상을 관조하면 어떨까!

마지막으로 앞으로 우리 미래를 짊어지고 나갈 젊은이들이 꿈과 희망을 갖고 살 수 있도록 기성세대가 노력해야 한다는 것이다. 적어도 그들의 의식주와 교육은 가진 자들이 기득권을 내려놓고 최대한 지원하여야 한다. 기득권을 내려놓는다는 것은 자신이 가진 것을 그들과 나누는 것이다. 젊은이들은 정부와 기득권층에게 자신들의 미래 문제 해결에 최선을 다하라고 요구하여야 한다. 젊은이들이 요구하는 일상과제의 해결이 한국사회가 미래에 당면할 최대 현안이 될 수 있다. 그러나 역으로 강한 것만으로는 성공하지 못한다. 오히려 강하게 해결하려다보면 다치고 남에게 피해를 끼친다. 일을 이루었다 해도 뽐내거나 교만해선 안 된다.

노자의 글을 쉽게 정리한 이 책을 많은 이들이 읽고 삶의 의미를 생각해 보았으면 좋겠다. 인간도 글도 학문도 완벽한 것은 없다. 다만 노력할 뿐이다.

2018년 무술년 정월

코리아뉴스매거진 발행인 나정석 씀

국립중앙도서관 출판예정도서목록(CIP)

행복한 비움 : 노자 도경 / 지은이: 김선국. ― [서울] : 다
락방, 2018
　　p. ; 　cm

일부는 중국어를 한국어로 번역
ISBN 978-89-7858-071-7 03150 : ₩15000

도덕경 [道德經]

152.222-KDC6
181.114-DDC23　　　　　　　　　　　CIP2018002443

노자老子

행복한
비움

도경 道經

발행일 : 2018년 2월 5일

글쓴이 : 김선국

펴낸이 : 김태문

펴낸곳 : 도서출판 다락방

주　소 : 서울시 서대문구 북아현로 16길 7 세방그랜빌 2층

전　화 : 02) 312-2029

팩　스 : 02) 393-8399

홈페이지 : www.darakbang.co.kr

정가 : 15,000원

ISBN 978-89-7858-071-7 03150